设计未来企业架构

[美] 德博拉·J. 奈廷格尔 著
[美] 唐娜·H. 罗德斯

程书馨 译

華中科技大學出版社
http://press.hust.edu.cn
中国·武汉

图书在版编目（CIP）数据

设计未来企业架构 /（美）德博拉・J. 奈廷格尔，（美）唐娜・H. 罗德斯著；程书馨译 . -- 武汉：华中科技大学出版社，2025. 1. -- ISBN 978-7-5772-1513-6

Ⅰ . F272

中国国家版本馆 CIP 数据核字第 2024L2Q356 号

设计未来企业架构
SHEJI WEILAI QIYE JIAGOU

[美] 德博拉・J. 奈廷格尔，[美] 唐娜・H. 罗德斯 著
程书馨 译

出版发行：华中科技大学出版社（中国・武汉）
武汉市东湖新技术开发区华工科技园
电话：(027)81321913
邮编：430223

策划编辑：王 娜
责任编辑：王 娜
封面设计：刘治治
责任监印：朱 玢

印 刷：湖北金港彩印有限公司
开 本：710 mm×1000 mm 1/16
印 张：11.5
字 数：182千字
版 次：2025年1月 第1版 第1次印刷
定 价：59.80元

投稿邮箱：wangn@hustp.com
本书若有印装质量问题，请向出版社营销中心调换
全国免费服务热线：400-6679-118 竭诚为您服务

译者序

当今我们所处的世界，唯一不变的也许是变化本身。

企业作为推动创新发展的重要组成部分，可以被理解为一个复杂且有机的生态系统。无论是初创公司早期的架构设计，还是企业转型的战略设计，我们都需要在快速变化的环境中找到平衡。企业的转型不能仅依赖于技术升级或流程数字化，而是需要系统性地重塑自身，从组织内部的文化，到外部的生态与利益相关方，设计出一个未来整体愿景的蓝图。《设计未来企业架构》正是一部探讨企业战略与顶层设计的学术著作，为我们提供了一个系统性的全新视角和清晰的方法论。

作为一名跨学科的创新实践者与大学教师，在翻译和整理本书的过程中，两位作者为我带来了多维度的启发。德博拉·J. 奈廷格尔和唐娜·H. 罗德斯基于她们在麻省理工学院的研究成果和实践经验，将工程系统理论带入企业架构设计，并创造性地提出了ARIES（创新企业战略架构设计）框架。这一框架的最大亮点在于其“整体性思维”的理念：它突破了单一视角的局限，将企业生态系统、利益相关者、战略、信息、流程等十个核心要素整合成一个整体模型，为企业转型提供了全面的指引。这种以整体性思维理解事物的方式，也与中国哲学不谋而合。

与此同时，设计的类型也从视觉美学的表达、功能性的物品、虚拟交互方式、系统平台架构、战略趋势情境扩展到组织与生态层面的设计。我于七年前检索文献时查到本书的英文原版，正值我着手在中央美术学院设计学院筹建创新设计专业方向的时候。当时创新领域探讨的普遍是关于科技驱动与市场驱动，然而创新设计专业方向需要将设计、人文、科学与商业的方法，结合为探索人类社会未来的复杂需求，并形成可持续的创新解决方案。开设的课程分为三个板块：设计工程、创新方法和趋势设计，分别对应近期未来的“渐进式创新设计”、中期未来的“革命性实验创新”与远期未来的“前瞻性战略创新”。在这七年的教学与创新实践探索中，我教授了《跨领域创新设计》《创新商业模式设计》《趋势设计》等课程，并在 2020 年，与创新设计专业方向 2017 级毕业生魏子雄共同创办时尚科技品牌 SCRY，为探索基于中国语境，如何将设计作为协同科技与商业共同驱动创新的力量。

我希望本书能为中国的企业家、管理者、实控人、创业者带来关于组织架构设计、企业战略转型的系统工具。尤其是本书中的 ARIES（创新企业战略架构设计）框架以及创建未来整体愿景的方法，都可以视为一种从设计的视角切入企业架构与转型的工具，帮助更多企业增强韧性，实现真正意义上的可持续发展。我也希望本书能为公司治理与战略方面的研究者，带来设计作为一种跨学科的新视角，赋能公司管理与组织研究领域。同时，也希望为工商管理学科、设计学科的学生带来一套系统性的组织架构设计理论框架。

无论是面对变幻莫测的市场环境，还是探寻企业未来的顶层设计路径，愿本书能为读者的实践与思考，提供宝贵的参考和启发。

致谢

在此，我要感谢所有在这本书的翻译过程中给予支持和帮助的家人、同事和朋友。

首先，我要特别感谢中央美术学院富有活力的学术与创作生态，衷心感谢设计学院各位前辈与同仁们，在我的教学与实践探索道路上给予的指导与启发，始终激励我不断前行。本书能够出版，受到中央美术学院科研处“致远计划”项目（20KYZY014）的部分资助，特别感谢设计学院副院长韩涛教授与华中科技大学出版社编辑王娜对本书策划的大力支持，正是他们的悉心指导，使本书的出版得以顺利推进，并最终与广大读者见面。

我要特别感谢知名设计师刘治治老师为本书精心设计的封面，我们一起在中央美术学院设计学院开设《创新商业模式设计》课程，他为这本较为严肃的学术作品创作了兼具视觉表现力和思想深度的美学表达。

我要特别感谢中央美术学院设计学院创新设计专业方向研究助理、2018 级创新设计专业方向毕业生张乐、2020 级创新设计专业方向毕业生王彤悦、2021 级创新设计专业方向本科生王天，他们在本书的整理编译过程中，为本书的语言表达和图形绘制等方面付出了大量的努力和心血。

此外，感谢我在北京大学国家发展研究院、中欧国际工商管理学院、英国皇家艺术学院与清华大学新闻与传播学院的导师与研究伙伴的无私支持与鼓励。他们在我翻译的各个阶段为我提供了重要的反馈，帮助我从跨学科的角度更好地阐释文章内容。

最后，感谢所有关注战略设计、组织架构设计与创新、企业转型与公司治理的读者们。希望本书的翻译为更多中文读者提供一个深入探讨未来企业架构设计的窗口。

再次向所有支持本书翻译和出版的朋友致以最诚挚的谢意！

程书馨

2024 年 12 月 17 日，北京

程书馨，中央美术学院设计学院讲师、创新设计专业方向召集人。她致力于建设基于中国语境的跨领域创新设计体系，提出“创新几何”方法论，并建立创新机遇研究平台，探索未来生活方式、发布战略洞察与孵化创新解决方案。她曾入选福布斯中国“30位30岁以下杰出青年”，并在英国皇家艺术学院、加州大学伯克利分校雅各布斯设计创新学院、印度国家设计学院、新加坡南洋理工学院、韩国汉阳大学等讲学，将中国的设计创新教学与实践与国内外高校交流分享。作为一名跨领域的创新实践者，她也是时尚科技品牌SCRY的共同创始人，曾荣获2024年福布斯中国“年度创新品牌Top20”、2023年红点奖之“创新产品奖”与“时尚、生活方式与配饰奖”、2023年Wallpaper卷宗设计大奖之“最佳可持续奖”等，SCRY的联名鞋款自2021年起屡次登上巴黎时装周、米兰时装周与纽约时装周秀场。

她本科毕业于清华大学新闻与传播学院，辅修清华大学美术学院第二学位；理学硕士荣誉毕业于伦敦帝国理工学院，英国皇家艺术学院设计硕士与博士候选人；曾在德国海德堡大学与中欧国际工商学院深造。

前　言

在这个不断变化的世界中，各种规模的企业为了生存，都面临着持续不断的创新与转型压力。本书将为未来企业创建一张“蓝图”，描绘出企业在实现转型愿景后的模样。

写作动机

本书的主题是搭建一个推动重大变革的框架，以发展现有企业或设计新的企业。本书介绍的 ARIES（创新企业战略架构设计）框架源于我们对企业作为系统的研究与经验。我们亲自指导了企业转型工作，并在经历重大变革的企业中担任领导职务。我们研究并发现了基础理论，并将其应用于企业转型实践。

十多年前，我们意识到现有的企业转型理论和实践存在重大差距，这一差距在于未能充分将架构设计作为转型生命周期初始阶段的一部分。我们认识到企业架构设计框架开发方面取得的成就和持续进展，但这些是不够的。这促使我们在麻省理工学院持续开展了这项重要的研究工作。

现有的架构在设计阶段非常有用。我们的工作则针对那个阶段之前的早期概念阶段。正如从系统、硬件和软件工程中发现的那样，需要将架构设定为工程中的一项独特活动，企业也需要这样做。现代企业越来越复杂和互联，架构设计成为使“企业再造”变得可行的必要条件。

影响

我们的工作受到许多富有洞见的出版物和个人的影响，这些出版物和人数量众多，难以一一列举。许多在系统和企业领域的重要思想家对我们如何看待企业以及我们为什么认为架构对企业科学领域如此重要产生了深远影响。在整本书中，我们给一些人、书籍和论文加了注释，以突出其重要性。

许多来自工业界和政府部门的同事帮助我们了解了企业及其必须克服的挑战。他们是我们在各自的职业生涯、教育和研究经历中合作过的人，以及通过参与专业协会而结识的人。其中包括来自世界各地其他研究项目的合作伙伴，以及我们在教育、研究和咨询活动中合作过并请教过的高管。我们的工作受到众多来自工业工程师协会（IIE）和国际系统工程协会（INCOSE）的同事的影响。

在麻省理工学院，许多同事和学生也对我们的企业工作产生了影响。其中包括（但不限于）来自工程系统部（Engineering Systems Division）、精益推进计划（Lean Advancement Initiative，前身为航空航天计划）、社会技术系统研究中心和系统工程推进研究计划（Systems Engineering Advancement Research Initiative）的同事。

本书的组织

本书共 11 章，从头到尾讲述了一个关于设计未来企业架构的故事。在第 1 章中，我们讲述了写作本书的动机，以及我们如何相信它丰富了企业转型艺术和实践方面已经很重要的知识体系。在第 2 章中，我们介绍了 ARIES 框架，包括企业十要素模型和架构设计流程模型。

接下来的 3 章关注企业的现状。第 3 章和第 4 章聚焦于与企业有关的更大的生态系统及其利益相关者的价值——无论是今天还是未来。在第 5 章中，我们概述了一种了解当前企业的方法，它与企业的战略变革需求相关。

第 6 章的主题是为未来企业创建一个整体愿景。我们讨论了企业十要素模型的各种视角，使用生动的描述、利益相关者小故事和叙述来实现这一目标。

第 7 章介绍了我们生成概念和开发替代架构的方法——换句话说，就是探索未来架构的可能性。第 8 章介绍了评估这些可能架构的过程和方法，重点讨论选择未来架构的艰难决策。

第 9 章提出了一种检查未来架构一致性的方法。我们讨论了实施计划以及如何将新架构传达给利益相关者。

第 10 章讲述了一个企业架构项目的故事。每个架构设计项目都是独一无二的，本章提供了在实际应用中使用 ARIES 框架为未来创建蓝图的方向。

第 11 章介绍了每个企业转型项目都应该包含的七大架构必要条件，无论使用的是何种特定框架或方法。

在整本书中，我们使用了许多我们参与的企业架构项目的案例。在第 3 章到第 9 章的结尾，我们加入了练习和供读者思考的问题，这些问题可以应用于您的企业，以增强对本书材料的理解。最后，书末两个附录中包括了另外两个架构项目的执行摘要。

致谢

我们要感谢许多参与我们课程和研究项目的研究生，他们人数众多，无法一一列举。他们在项目研究以及塑造本书材料方面发挥了重要作用。他们撰写的毕业论文中有些观点在书中被引用。

我们还要衷心感谢那些花时间审阅我们的材料并提供宝贵意见和改进建议的同事。我们要特别感谢马克·普伦德加斯特（Mark Prendergast），他在过去几年中帮助我们绘制创意图形和开发其他材料。

我们还要特别感谢我们之前的博士生卡罗琳·兰姆（Caroline Lamb），她在我们整理本书材料的早期阶段与我们合作。

最后，我们要感谢我们的家人和朋友在整个过程中给予的鼓励和耐心。

目　录

第1章　为什么架构很重要　1

第2章　ARIES 框架　11

第3章　了解企业环境　27

第4章　执行利益相关者分析　41

第5章　获取当前架构　55

第6章　创建未来的整体愿景　69

第7章　生成替代架构　83

第8章　决定未来架构　97

第9章　制定实施计划　109

第10章　LM设备公司案例研究　121

第11章　七大架构必要条件　133

附录A　架构案例研究：I-Software Systems的业务单元ISSA　141

附录B　架构案例研究：艾伦设计集团　155

注释　165

第1章 为什么架构很重要

“开始是工作中最重要的部分。” ——柏拉图

企业[1]若不能跟上周围世界的变化，则注定会失败，这并不令人意外。正因为如此，企业才会定期进行有计划的转型。令人惊讶的是，尽管企业下决心进行必要的变革，却仍然有如此多的企业步履蹒跚，甚至未能幸存下来。

企业转型的过程并不简单。在整个过程中可能会有各种已知和未知的陷阱，但可以肯定的是，从一开始就运作不良的转型计划很可能不会有好的结果。那么问题来了，“我们如何才能有一个好的开始呢？”

企业和事业单位有多种类型——公司、政府机构、初创企业、非营利组织和大学，仅举几例——但我们相信所有企业都具有四个基本特征。第一，企业由人组成，他们通过生产产品和/或提供某种服务为他人创造价值。第二，企业是一个具有明确目标和“存在理由”的完整系统。[2]这个目标在企业的策略中是显而易见的，不论是明示还是暗示；它体现了企业的运作方式（如流程、程序、知识）、组织方式、文化（如信念体系、信任、开放性）以及衡量自身的方法（如利润、社会效益）。第三，企业从其所在的更大的生态系统中获益，即其存在和运营的生存环境。第四，每个企业都必须定期进行转型，以便在不断变化的世界中演变和适应。[3]

为什么企业需要转型

企业在不断发展，这可能是由不断变化的需求、期望的增长或新的机会和威胁（如新技术、市场变化、劳动力短缺）驱动的。[4]在大多数情况下，企业的改变涉及对战略、

组织、流程或基础设施微小的调整，而转型则会带来显著的变化。当事情运行不如预期时，特别是随着时间的推移和企业周围世界的变化，企业通常会有意进行转型。收购和合并几乎总是会引发变革。转型也可能是出于纯粹的战略原因，例如业务增长或市场扩展的需求。

在信息不全面的情况下，企业做出转型的选择通常是艰难的，早期的明智决策至关重要。有些企业转型计划旨在实施战略方向变更。这些企业可能希望进入一个新市场或改变其商业模式，或者希望从单一产品业务扩展到同时提供产品和服务，也可能是从国内业务向全球业务的长期过渡。

转型可能由突发事件或快速变化的环境触发。例如，主要竞争对手的突然出现可能会使企业的现有产品线对客户的吸引力降低。或者，贸易政策的意外变化突然为企业在新地区开展业务创造了机会。

相同类型的转型，例如收购，可以通过长期规划来实现，也可以由突发情况触发。比如一家企业将收购另一家公司作为其长期增长计划的一部分，这将需要对新合并的企业进行某种程度的调整，而且这很可能已经包含在整体收购计划中。而突发事件，如因另一家公司的财务困境而突然有机会对其进行未计划的收购。在这种情况下，所需的转型是意料之外的。

无论是预期的还是非预期的，企业转型都是周期性的。若转型是预期的，它可能与企业更长的战略周期保持一致。非预期的转型则与新兴需求或机会窗口的时间尺度保持一致。如果这是一项多年的努力，那么企业实施变革的某些部分可能会与正常战略规划周期保持一致。

我们认为，成功的转型始于采取整体方法，将创建变革蓝图作为初始活动。我们称这种活动为“设计未来企业架构”。要理解我们所说的“整体”，有必要检视与其相反的策略（即所谓的还原主义或零散方法）所带来的问题。当只关注某一个方面（如技术、组织）而不考虑整体时，各种失败可能会随之而来。让我们来审视一些失败的案例，以深入了解当一家企业从一开始没能整体性地思考时企业会发生什么。

五大架构失败

我们在研究企业架构时，发现了许多类型的失败，并在文献中看到过许多失败的案例。那么，这些潜在的失败具体有哪些？表 1.1 总结了五种失败类型，并简单说明了每种失败对企业的影响。

表1.1

企业架构失败的类型及影响

架构失败类型	**影响**
当出现疑虑时，就重组	重组在孤立进行时可能会造成干扰，不能实现目标
未考虑利益相关者	不充分的利益相关者分析可能导致决策与利益相关者的需求和期望不一致
仅依靠技术	昂贵的技术应用通常只解决部分战略问题，且常在孤立状态下失败
孤岛效应	孤岛式实践几乎总是会创建“小王国”，并因未能考虑组织的其他部分而降低企业的优化水平
认为信息技术能解决一切问题	只关注信息技术而不考虑其他要素经常导致昂贵的失败

这五种架构失败类型——仅是可能发生的架构失败中的一小部分——表明需要用一种更全面的方法来进行转型。然而，我们几乎看不到企业有效地执行这种方法。也许这是因为很难将企业作为一个整体来看，并据此制定变革战略。也许是因为传统方法非常重视信息技术，而对流程、文化和组织等其他维度关注不足。其他有用但有限的方法虽然强调流程，但未能考虑企业其他重要的方面。最近，一些以商业模式为重点的方法针对特定的战略问题，但在我们看来，它们仍然没有提供全面的企业转型所需的一切。我们将详细研究这五种架构失败类型，当然，除此以外仍然还有许多其他架构失败的类型。

失败 1：当出现疑虑时，就重组

一种很常见的潜在失败源于“当出现疑虑时，就重组”的方法。似乎几乎每个企业都曾尝试过这种方法。

在我们的研究中，我们观察到最频繁的架构变更通常涉及组织结构。企业往往短视地将组织结构的重组视为应对任何问题的解决方法。但如果真正的问题出在激励结构而不是汇报结构呢？虽然重组有时是必要的，但如果在孤立的情况下进行，或在没有充分考虑其他企业要素的情况下进行，可能会适得其反。重组很少能单独实现预期的结果或真正的企业转型。在更多情况下，即使重组是必要且有益的，对内部利益相关者来说也是具有高度破坏性的。对于新组织与业务流程或信息架构不一致的情况，或者不完全符合传统文化的情况，这种破坏性尤其明显。

比如一家大型设备制造商的案例，该制造商决定将客户服务从各个部门集中到一处，以便更好地满足客户需求。制造商在没有相应机制协调各部门工程和技术销售团队的情况下宣布了新组织机构，没有提供所需的新流程和信息技术基础设施，导致大规模混乱和客户长期不满。

失败 2：未考虑利益相关者

这种失败比你想象的更常见：未考虑利益相关者。企业的存在是为了给利益相关者提供价值，但在转型过程中很容易忘记征求真正的利益相关者的需求和愿望。倾听客户的声音是基本的领导实践，但仅靠这一点是不够的。企业的变革会影响到许多利益相关者，如员工、股东、商业伙伴、供应商等。企业往往在转型计划中忘记考虑所有利益相关者。企业有时也简单地认为他们知道利益相关者想要什么，认为没有必要与利益相关者协商，他们可能还认为他们知道对利益相关者来说什么是最好的，即使利益相关者自己都不知道。进行重大变革而不遵循“社交化”变革理念，往往会在以后引发问题。

比如，奈飞（Netflix）公司在 2011 年决定将其 DVD 邮寄服务从其在线流媒体服务分离出去，作为一个名为 Quikster 的独立业务，这是忽视利益相关者的一个很好的例子。不仅因为在会员价格大幅上涨且非常不受欢迎后做出这一不合时宜的决定，而且公司未对利益相关者进行充分的分析，导致对客户群体的强烈反对措手不及。另一个利益相关者群体，即股东，也因股价下跌而受到影响。在不到一个月的时间内，奈飞公司明智地撤销了关于 Quikster 的决定。[5] 我们必须认识到，这可能导致了内部混乱，因为员工在开始实施新的业务后，又不得不回到以前的业务。

失败 3：仅依靠技术

这种失败是认为一切都依赖于技术。当然，技术对于几乎所有现代企业都至关重要。然而，当企业将技术视为转型的“制胜法宝”时，就会出现问题。例如，我们经常在航空航天工业中看到这种情况，那里长期以来一直存在着一种技术范式，有时被称为“更高、更快、更远”，即仅仅依靠产品性能的竞争。

我们也在科技初创企业中看到这种类型的失败。他们如此专注于研发产品技术，以至于无法进行转型，因为企业在设计时未能考虑其他关键方面。他们可能会在一段时间内表现良好，但一旦竞争对手进入市场，单靠技术产品就不足以维持公司了。

类似的失败还发生在企业将新技术的实施视为转型的举措。以医院为例，我们见过许多案例都围绕最新的技术进行设计，但如果没有考虑其他需要改变的因素，各种问题就会出现。人们很快就会发现，引入新技术会改变员工的工作方式，因此，如果流程和员工职责没有相应调整，或者维持必要基础设施的服务不属于重构医院的一部分，就会出现问题。

失败 4：孤岛效应

这种架构失败源于所谓的“孤岛效应”。孤岛是指企业中的群体或职能部门在孤立的状态下运作，信息无法在它们之间流动。企业内的孤岛导致的失败可以通过两种方式发生。其一是以牺牲企业的其余部分为代价，优化组织的特定部分，比如工程或制造。其二是优化特定的企业要素，如流程、组织或基础设施，而忽视其他部分，形成“孤岛心态”。当一个孤岛在其负责的领域做出改进时，尽管初衷是好的，但如果未考虑对企业其他部分的影响，就会出现重大问题。

许多时候，绩效衡量标准和激励系统是罪魁祸首。当仅根据领导者的具体职责进行考核，而不考虑整个企业时，并非最佳的选择和行为更有可能发生。

在其他情况下，我们发现企业缺乏对跨界影响的了解。当企业的某个特定要素（如流程、组织或基础设施）在孤立情况下被优化时，结果可能是一个部分运行得非常好，但可能会对企业的其他部分产生负面影响。

失败 5：认为信息技术能解决一切问题

无数企业都犯了一个错误，认为信息技术能解决一切问题，这是第五种失败类型。这并不奇怪，因为许多研究企业架构的文章都非常关注信息技术，对流程和商业模式等其他要素可能只是稍有关注。在企业中，由信息技术部门作出问题陈述并负责解决企业范围内的问题的情况并不少见。自然而然，这些部门倾向于采用大型复杂的信息技术系统作为解决方案。

虽然信息技术系统是一个关键的推动因素，但当实施信息技术解决方案而不考虑整个企业的战略要求时，失败经常发生。无论一个信息技术团队多么优秀，期望其在没有信息技术部门支持的流程和服务的利益相关者参与的情况下，全面负责转型是十分不公平的。

基于信息技术的解决方案有一条明确的实施路径，但除非考虑到企业的其他方面和利益相关者，否则这就是一条狭隘的路径。例如，许多大型组织在实施新的企业资源规划（ERP）系统时遇到了困难，因为他们认为单靠信息技术就足够了，而没有适当考虑流程再设计和利益相关者的需求。许多研究人员[6]强调了信息技术与战略和组织因素保持一致的重要性，但即使这些维度也并不总是得到充分的考虑。故期望单靠信息技术来解决企业问题，充其量只能取得有限的成功。

架构设计的必要性

设计一个成功的转型并避免失败（前文提到五种失败和更多潜在的失败情况）的前提是把企业看作一个系统。[7]鉴于企业系统的复杂性，将企业从当前状态转变为期望的未来状态需要设计一个明确的蓝图，我们称之为架构。如果希望转型成功，必须有一条明确的路径来引导企业实现其未来的架构设计。

在过去的二十年里，企业转型获得了相当多的关注。人们对于如何有效管理企业变革已经有了很多认识，并且已经开发出许多有用的框架、模型和方法，用于详细说明企业架构。但是这个领域存在一个问题：这些现有的框架、模型和方法主要关注在简单决定未来企业架构之后的情况。也就是说，企业选择转型到哪种未来架构被看作一个简单的决策，而不是一个重要的决策。其结果是，一些至关重要的内容在很大程度上被忽略了——生成未来架构的可能性，系统地评估和选择架构。架构本身很重要，但创建架构的过程同样重要——我们称之为架构设计。

什么是架构设计？

当代架构设计是一个非常成熟的领域，关注的是物理结构的概念设计、规划和建设。架构设计并不是新事物——它可以追溯到几千年前，令人印象深刻的建筑物如埃及金字塔和罗马水道就是证明。传统上，架构设计一直是关于单体结构的建设。在最近几十年，架构设计已经扩展到所有类型的技术系统（产品、技术、信息技术、软件等）和企业系统。无论焦点是技术系统还是企业系统，架构设计都涉及基本的概念和结构。

以建筑师为例，他们为设想的未来用途设计结构。建筑物的设计旨在适应、支持和激励将来使用它们和与它们互动的人们的行为。例如，设计有楼梯和轮椅坡道的建筑可以满足所有人的无障碍需求。可移动的墙体隔断使得空间能够根据具体使用情况灵活进行重新配置。开放的中庭则激发人们互动和参与无计划性的对话。

创建建筑设计会生成诸如蓝图之类的文档，展示未来的结构，可能还有一个按比例建造的模型。衡量标准也是建筑师的重要考虑因素。例如，建筑需要具有与地形相对应的物理尺寸，以容纳一定数量的居民或用户。周期性也是一个因素。这个建筑是打算永久存在还是有固定的使用寿命？它是一次性建成还是分阶段在较长时间内建成？

与这些相同的方面——结构、行为、文档资料或工件、衡量标准和周期性——也是所有架构师，包括企业架构师关心的问题，我们将在后续讨论中详细介绍。

为企业进行架构设计意味着什么？

前面提到，企业架构师做的一些工作与传统的建筑师类似。然而，二者之间也存在差异。有时可以说，企业架构设计实际上更类似于城市规划。企业架构师很少有机会在“绿地”上施展才华，那里没有现有企业运营且约束较少。相反，他们设计的是一场将要在一个功能复杂的生态系统中实施的变革。请参考下文这个简短的寓言，它使用景观建筑作为企业架构设计的替代品来说明这一点。

一个架构设计寓言

你是市议会的成员，正在讨论刚刚捐赠给市镇的一块空地。你建议在这个地方建造一个新公园，因为它位于市中心，位置优越。议会的其他人都同意，并让你负责实现这一目标。

那么，接下来该怎么做？你应该快速画张草图，然后开始种植花草吗？明智的是，你决定先看看其他社区的公园，寻找灵感。这让你开始思考如何使你们市镇的未来公园比周边其他市镇的公园更好，这可能对商业有利。很快，你意识到这个项目可能超出了你的知识范围，并且你担心自己没有足够的时间投入到这项工作中。

你决定聘请一位景观建筑师来提供几种可以提交给市议会的方案。首先，建筑师想要了解更多关于当前状态的信息。你认为一块空地就可以作为一块“空白画布”，但建筑师不这么认为。她来到现场，查看了周围的道路、商业和人流情况。

事实证明，还有很多需要考虑的因素。该地块一直是孩子们踢足球的地方、居民到市中心公交车站的捷径，以及人们遛狗的地方。此外，还有一座小而古老的建筑坐落在该地块上，你认为它会被拆除，但实际上它建于一百多年前，因此它是一处受保护的古建筑，任何未来的计划都必须将其纳入。

建筑师查看了这块土地及其周边环境后，会见了每位市议会议员，询问他们重视公园的哪些方面，她甚至还询问了一些市民，询问该地块附近的房主和企业主，这是你从未想到的，但现在看来这显然是需要做的。毕竟，他们的房屋和企业可能会受到其他任何建设的影响。虽然公园可能会吸引更多的人到市镇上来，对商业有利，但有些人可能更喜欢保持现状。

幸运的是，你的建筑师足够聪明，能够考虑到一些你没有考虑过的事情，比如州保护法规、土壤条件和工人工资。她还提出了一些其他人没有想到的问题，谁将负责景观维护，这如何计入市镇预算？市镇会自行进行维护，还是外包给一家景观公司？

在收集了所有信息后，建筑师终于拿出了一些初步的草图，你俩一致认为，为其中几种方案提供详细蓝图，将是推进工作的好方法。她为公园设计了几个方案，你带着这些方案参加市议会会议，认为议会可以投票决定哪个是“最佳”的。你确信你的选择——带有雕塑花园的那个方案——是最好的方案，其他成员也会同意。

出乎意料的是，其他成员实际上更喜欢其他方案——带有狗步道的方案或带有运动场的方案——而不是你喜欢的雕塑花园设计。他们为每个方案的优点争论不休。

你的景观建筑师预见到了这一点，即使你没有。她列出在早期的讨论中每人最初希望未来公园包含的所有内容的清单。意识到没有一个方案会让每个人都满意，议会决定根据每个人都认为最重要的前五项内容进行选择。“每个人”不仅指市议会成员，还包括被采访到的房主和企业主。前五项标准有助于推动决策，以便选择一个对所有人来说都最好的公园。

结果，雕塑花园设计最终胜出。这是一个艰难的选择，因为狗步道设计也得到了相当多的支持。

最终，建筑师提出了一个在雕塑花园架构中加入狗步道的计划，公园的最终蓝图更符合每个人的需求和愿望。现在，你确信这块空地将会成功转变为公园。接下来就是将计划提交给市长最终批准，然后在下次市议会会议上展示这个计划以及它是如何被选中的。

你松了一口气——如果像当初那样直接开始挖草种花，那将是多么大的错误啊！

思考这个寓言

现在，想象一下，你不是市议会的成员，而是一家大型公司的管理团队的一员，市长是首席执行官，这块土地是一家新收购的小企业。景观建筑师这次是企业架构师。这个时候，备选的架构选择涉及将收购的业务纳入现有业务单元，保留其作为全资子公司，或者其他战略整合方式。最终，也许“最佳”架构是创建一个新的业务单元，并将其他单元的一些现有业务移入这个新单元。

通过思考这个寓言，你开始看到架构设计方法的优点。与所有决策一样，在没有考虑各种可能性的情况下就匆忙决定解决方案不是一个好的策略，无论实施变革有多么紧迫。你可能还会得出结论，即使是最简单的转型计划也是一个复杂的决策问题，因此很容易得到次优解决方案。这就是为什么我们提倡在设计未来企业架构时采用整体方法。

架构设计的重要性

企业通常因紧迫的问题、需求或机会而进行转型。在这种环境下，很容易理解为何会出现五种失败类型或其他类型的失败。请考虑你在自己企业中观察到的失败类型，并对它们保持警惕。历史很容易重演，因为失败的根本原因通常深植于企业文化和我们对事物运行方式的思维模型中。

从长远来看，为了确保转型取得成功，必须从一开始就做好准备。正如柏拉图在《理想国》中所说，“开始是工作中最重要的部分”。在我们看来，目前方法的最大局限性在于企业领导者未能在选择“正确”的架构（即为未来企业制定的蓝图）上足够努力。[8] 这正是架构设计失败的重要原因。

第2章 ARIES框架

首先出现想法，然后是将想法组织成概念和计划，继而将这些计划转化为现实……正如你所见，一切始于你的想象力。

——拿破仑·希尔（Napoleon Hill）

在过去的十年中，我们的工作重点是开发和验证一种专门为企业转型初期阶段设计的架构方法。此方法是为架构团队设计的，这些团队面临着从一个企业转型的种子想法开始所面临的挑战，这个时候这个种子想法往往是富有远见的领导者眼中的“闪光点”。从新的想法转变为概念再到计划的过程，在本质上是具有创造性的，但这并不意味着这段旅程没有任何可以参考的路线图。

我们期望创建这种路线图的想法催生出一个新的框架，以及一系列的支持结构和方法，其中有些是全新的，有些则经过了验证。我们的创新企业战略架构设计框架被称为ARIES（architecting innovative enterprise strategy），反映了下列企业转型的三个基本要素。

架构设计（architecting）：即企业创建“蓝图”，旨在帮助企业实现它的未来愿景。这涉及在不断变化的环境（我们称之为生态系统）中了解企业现状，创建未来的整体愿景，生成和评估替代方案，并选择一个能够实现预期的未来架构。架构设计最终形成一个可实施的计划，该计划考虑了可用资源和完成转型的时间象限。

创新（innovative）：意味着走在时代前列，或者至少具有前瞻性。企业需要随着其生态系统中可能影响其生存和繁荣的变化而发展。有效的企业变革，需要在对未来有充分了解的前提下，进行前瞻性的思考。架构设计本质上是创新的，且包含一种前瞻性的视角。

企业战略（enterprise strategy）： 即企业的总体战略。“企业战略”一词最早由公认的战略管理之父伊戈尔·安索夫（Igor Ansoff）于 1979 年提出，随后申德尔（Schendel）和霍弗（Hofer）进一步指出，“企业战略试图将公司与其更广泛的不可控环境相整合”。[1] 五年后，R. 爱德华·弗里曼（R. Edward Freeman）详细阐述了他的利益相关者理论，将“企业战略”定义为公司的“立场”。[2] 这些基础性的思想塑造了我们的观点，即卓越的企业战略是在为利益相关者提供价值方面取得成功的决定性因素，从其自身的生态系统中汲取资源的同时，为其生态系统作出贡献。

为什么需要一个新框架？

人们可能会问：“既然已经存在大量的架构设计框架，为什么世界还需要一个新的企业架构设计框架呢？”[3] 我们对这个问题的回答首先在于考虑变革的动机。是什么触发了企业的转型？一般来说，是领导层意识到企业战略需要创新，并必须找到前进的道路。这种认识几乎在每一种情况下都源于企业面临不断变化的世界所承受的巨大压力，这种压力带来一种强烈的紧迫感，迫使企业立即找到“解决方案”，而没有时间进行深入的思考。这种快速反应往往会导致企业走上一条次优的道路。虽然快速作出了决策，但其可能不是最好的决策。

经验表明，对于即将进行转型的企业来说，没有比慎重权衡变革方案更重要的事了。改变企业的轨迹不仅仅是一个简单的设计工作，它需要一种全面且深思熟虑的方法。与此同时，企业需要有效管理现有企业逐渐淘汰的部分，同时准备启动新架构，这使得这一过程更加复杂。

关于有效的企业转型，人们已经知道很多——理论和案例研究都有详细的记录。威廉·劳斯（William Rouse）在这方面做了大量的工作，包括撰写了企业系统的研究、企业转型的许多方面以及转型案例研究等方面的书和文章。[4] 自 2004 年以来，佐治亚理工学院的特南鲍姆研究所（Tennenbaum Institute）一直是企业转型研究方面的领先学术中心，在企业转型和企业架构领域，多年来在全球范围内已经开展了很多卓有成效的研究工作。

我们当下的工作与过去和正在进行的研究并不矛盾，并且为这一领域作出了新的贡献，即把“架构设计”作为复杂的企业转型的一个重要部分加以关注。“架构”和“架构设计”之间是有区别的。公认的系统架构设计之父埃伯哈特·雷克廷（Eberhardt Rechtin）在复杂的技术系统工程的背景下创造了这个术语。[5] 他说：“我使用‘架构设计’是为了让人们关注架构师设计架构的过程。‘架构’这个词的意义过于多样，所以我发明了另一个词。”[6]

在更广泛的企业转型领域，缺乏一种基于研究的系统化架构设计方法。这种方法就是在企业转型开始之前，有效地生成并评估未来转型的方案，并选择未来的架构。我们称这种活动为“未来企业的架构设计”。

什么是ARIES框架及其使用场景？

我们的框架借鉴了多个领域的基本理论和实践，包括战略管理、利益相关者理论、系统架构设计、创新研究、情景分析、决策科学、企业理论和系统科学。通过与超过一百种不同类型、规模、复杂度和成熟度的企业合作，我们设计了 ARIES 框架，以指导早期探索阶段的企业转型。ARIES 为企业选择未来的新架构提供了整体方法。

当然，企业架构设计框架并不是一个新概念，实际上，已有十几个这样的框架被应用。在我们看来，这些框架在指导详细架构实施方面做得很好。然而，如果许多现有的正式企业架构设计框架能够支持“正确地进行架构设计”，但未能首先引导企业选择“正确的架构”，那么它们又能有多大效果呢？

我们认为，若你为未来的企业转型选择了一个好的概念架构，与企业现有的正式框架融合很好，但根本问题是，如果在没有正确的概念架构的情况下直接选择进入企业架构设计路径，可能会导致转型工作出现昂贵的返工，时间的延误和未能充分满足利益相关者的需求等问题。事实上，这可能导致整个企业转型的失败。

我们开发 ARIES 的目的并不是取代现有的框架，而是设计一个能够在现有的正式企业架构框架之前使用，并与之兼容的系统，毕竟这些框架已经广泛应用于工业和政府中。它的预期使用时段是转型生命周期的“上游”，在此之后，我们认为现有框架更适合使用（即进入详细架构设计时期）。ARIES 框架侧重于有效探索企业可能的选择方案，权衡这些方案，并系统地选择作为转型基础的架构。

如图 2.1 所示，ARIES 框架由三个部分组成：①企业要素模型，指定了用于观察整个企业的十个独特要素；②架构设计流程模型，包括八项活动；③选定的方法和工具，有些是通过我们的研究开发的，有些则源于现有实践（我们在后面的章节中会介绍这些内容）。

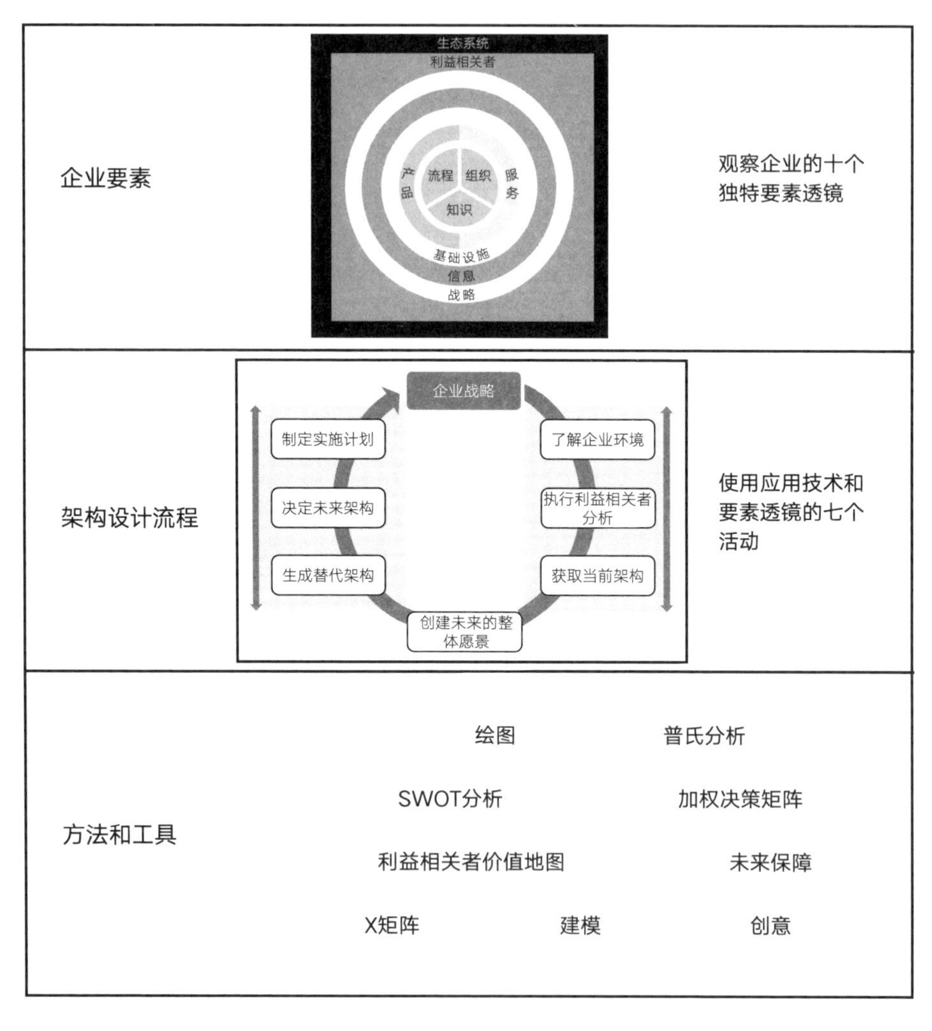

图2.1 ARIES框架

观察整个企业

ARIES 框架的基础在于我们认为企业是一个复杂的系统，因此必须整体对待。诚然，从实际操作的角度来看，仅通过整体视角来了解企业是相当困难的。我们可以研究企业的组成部分，但仅仅如此并不能帮助我们了解企业作为一个完整系统的运作。我们可以使用单一视角，如流程视角或信息技术视角，但这可能会导致一种“单一视角”，以至于限制我们对企业自身丰富性的认识。

我们的研究和与企业的咨询表明，从多个独特的视角来审视企业有助于了解整个企业。从多个角度观察企业，每个角度可展示不同的内容，我们称之为“企业要素”。

“企业要素”使我们能够隔离出独特的关注领域，从而降低复杂度，以便对整个企业进行审视。采用由这些要素促成的多重视角，增加了发现企业多样化利益相关者需求的可能性，从而在转型中加以考虑。通过与各种规模和类型的企业合作，我们确定了企业架构设计的十个基本要素。我们将这些要素的集合称为“企业要素模型”。

企业要素模型

十要素模型以各种方式在整个架构设计流程中使用，我们将在书中讨论。前两个要素是生态系统和利益相关者，其余八个要素我们称之为视角，因为它们是允许我们从不同角度看企业内部的“透镜”。图 2.2 展示了企业要素模型。

第一个要素是生态系统，如图 2.2 中的黑色矩形外框所示。生态系统是企业外部的要素，它是与我们特定企业相关的世界的一部分。在我们的生态系统中，可能还有许多其他企业，比如竞争对手、供应商和合作伙伴。生态系统的特征在于企业所处的监管、政治、经济、市场和社会环境，这些环境使企业与其他企业合作或竞争。我们将在第 3 章进一步讨论生态系统。

第二个要素是利益相关者。利益相关者是生态系统内的人（如客户、业务伙伴）以及企业内部的人（如员工）。企业利益相关者是对企业作出贡献、从中受益和 / 或受其影响的个人和群体。根据你所采用视角的不同，利益相关者可能是外部或内部的。例如，

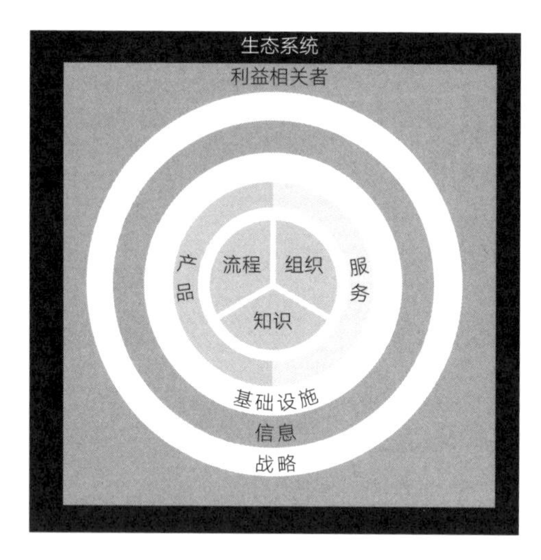

图2.2 ARIES企业要素模型

一些企业认为供应商是企业不可或缺的一部分，而另一些具有不同商业模式的企业可能会认为供应商是外部的。在第 4 章中，我们将更详细地讨论利益相关者，包括不同企业如何看待利益相关者并与之互动。

如前所述，我们将剩下的八个要素统称为视角要素，这些要素使我们能够从内部审视企业。视角要素中的第一个是战略要素，其包括企业的商业模型、商业战略和核心价值观，以及绩效管理目标和企业指标。

与战略要素紧密相关的是信息要素，如图 2.2 中所示的第二个环。信息是贯穿整个企业的流动的内容，其使企业能够执行任务并有效运作。从行政数据和财务数据到产品和服务数据，再到人事数据，信息涉及企业的各个方面。在最高层次上，它包含了关于企业的所有战略和运营信息。

在我们的要素模型中，战略要素和信息要素围绕着的是基础设施要素。基础设施要素指的是支持企业的信息技术与企业系统、通信技术与物理设施。基础设施使企业能够有效且高效地完成其任务。

接下来的两个要素是一组耦合要素——产品和服务，它们在许多企业中都会存在。

产品要素包括企业收购、市场营销、开发、制造和 / 或分配给利益相关者的内容。服务要素包括从企业知识、技能和能力中衍生出的提供给利益相关者价值的产品。服务可以包括对企业产品的支持。

剩下的三个要素是流程、组织和知识，其紧密相连，位于企业的核心，如图 2.2 的中心所示。流程要素包括领导力、生命周期和使企业为其利益相关者创造价值的支持流程。组织要素包含组织结构，包括分组和层级结构，以及企业的基础社交网络和文化。最后，知识要素包括专业技能、显性和隐性知识，以及企业知识产权。

这十个要素作为一个集合，形成了企业要素模型，旨在引导架构师进行整体思考。要素的结合使人们更便于看到整个企业，而这是仅关注单一焦点——例如仅关注基础设施或仅关注流程——不可能实现的。

为什么是这十个要素？

人们可能会问：“为什么是这十个要素？”答案是，通过我们多年的工作，这十个要素已经成为基本要素。虽然其他要素也被提出和测试过，但最终我们认为它们不是基本要素，而是多个基本要素部分的交叉。例如，我们考虑过把激励机制作为一个单独的要素，但发现它实际综合了战略和组织要素。正式的激励措施是作为战略的一部分来定义和执行的。在一个组织中，潜在的社交网络可能会产生自发的和非正式的激励措施。也有人曾提出与文化相关的要素，但我们将文化纳入组织要素中，体现在员工的个体身上，并受其价值观和经验的影响。

经常有人提出应设立单独的财务要素，但我们认为财务视角是许多其他要素的一部分。例如，财务目标和目的在战略中占据重要位置。产品和服务为企业的财务健康制造机会和限制。在大多数成熟企业中，财务管理是核心业务流程的一部分。采用单独的财务视角与整体视角相悖，因为财务在企业中并不是孤立存在的。

在过去十年的工作过程中，这十个要素是在我们与各种类型的企业合作中逐渐演变而成的。其中一些要素并不总是被视为基础要素，而是其他要素的一部分，值得一提的是它们为什么上升为基本要素。例如，知识要素最初被包含在组织要素和我们以前称为信息技术要素的范围内，而这一直是传统企业架构设计的重点。之后，我们将信息（包括信息技术）和知识分开。而最近，我们意识到信息技术只是多个基础设施要素中的一个，因此我们创建了基础设施要素来涵盖这一更广泛的范围。最初我们认为服务是支持产品的一部分，但后来我们将其视为独特的要素。随着我们与非专注于实体产品的企业（如医疗保健和金融领域的企业）合作，我们开始明白服务要素独立于产品的必要性。

这十个企业要素源于我们迄今为止的实证研究。当然，我们认识到研究的动态性质可能会导致要素的变化。然而，这十个要素已经被证明是实现整体企业视角的必要基础要素。表 2.1 提供了对每个要素的简要描述。虽然并不是所有要素在每个企业中都具有突出的地位，也非每个转型计划中都必须考虑的，但忽视其中任何一个要素都可能会导致无法发现企业复杂的系统问题。

表2.1

企业的十个要素

要素	描述
生态系统	企业运营及与其他企业竞争或合作的外部监管、政治、经济、市场和社会环境
利益相关者	对企业作出贡献、从中受益和/或受其影响的个人和群体
战略	战略愿景以及相关的商业模型和关键战略方向、目标和绩效管理系统
信息	企业执行任务和根据其战略有效运营所需的信息
基础设施	实现企业绩效的企业支持系统、信息技术、通信技术和物理设施
产品	企业获取、市场营销、开发、制造和/或分配给利益相关者的产品
服务	从企业知识、技能和能力中衍生出的提供给利益相关者价值的产品，包括对企业产品的支持
流程	企业执行任务并为其利益相关者创造价值的关键领导力、生命周期和使企业为其利益相关者创造价值的支持流程
组织	企业的文化、组织结构和基础社交网络
知识	显性和隐性的知识、专业技能和企业知识产权

这十个要素都是密不可分的，但在不同的企业中，有些要素往往比其他要素更为重要。例如，在初创企业中，各要素的相对重要性一般不同于已经成立多年的公司。在任何特定企业中，各要素的相对重要性也在很大程度上取决于企业的战略目标。

要素的纠缠

一些要素直接影响或驱动其他要素，而一些要素会相互作用，并在两个方向上影响企业绩效。如果识别不出要素之间的重要交互，就无法揭示企业的动态。必须考虑要素之间存在的任何关系、依赖程度和紧张状态。因此，我们倾向于将其称为“纠缠的要素”。单独查看一个要素和同时考虑多个要素时要素的表现差异是显而易见的。例如，战略是流程、组织、知识和信息要素架构的关键驱动因素。然而，信息架构不仅由战略驱动，还受到流程、组织、产品和服务的影响，它们是纠缠在一起的。基础设施对知识起着促进作用，因为信息技术在提高知识的可用性、可访问性和综合性方面至关重要。要素的纠缠在不同企业中有所不同。一个交互的重要性可能与另一个交互有所不同，而交互的方向性和影响力也会有所不同。例如，一个要素的方向和影响可能是单向的，也可能是双向的。

要全面了解要素及其之间的纠缠，就必须深入研究这些要素在特定企业中的表现。由于要素是整体架构设计方法的核心，我们认为必须整体分析要素，而非单一分析。仅通过部分（要素）来审查企业，难以看到企业的整体，但同时也要认识到这些要素的简单总和并不等同于整个企业。

一个案例分析

为了说明要素在 ARIES 方法中的核心作用，让我们来看看一家大多数读者都可能熟悉的企业——星巴克公司。让我们在此从文献中简要归纳，即使没有完全了解每一个细节，使用 ARIES 方法也可以了解整个企业的许多情况。

星巴克战略的关键特征包括你在本地商店中可能会注意到的一些事情。它的战略是给顾客提供机会了解优质咖啡，并创造一种愉悦的零售环境以便顾客享用咖啡。此外，星巴克的战略基于为其产品采购优质原料，并通过持续推出新饮料和食品来扩展其产品范围。除了饮料和食品，星巴克还销售与咖啡相关的产品，如杯子、礼品和摆放在货架上的许多其他物品。战略的一个关键方面是保持所有门店在产品和服务上的一致性，无论是菜单，还是由接受严格培训的咖啡师所提供的高质量咖啡产品和服务。

星巴克的战略要素与产品和服务要素有重要关系。企业的生存和发展依赖于其产品和服务的质量。战略与流程和组织要素密切相关。高度标准化的流程，用于确保产品和服务的质量以及一致性，而对质量的自豪感，可以与所有员工被视为企业的宝贵伙伴这一事实联系起来。

在星巴克的生态系统中，最重要的是什么？首先，企业关注公平贸易政策、环保，并遵守其经营所在地的健康和环境标准。公司希望与当地社区互动，并重视对员工和顾客的关怀。这些特征将其生态系统的政策方面与流程要素紧密联系起来，因为流程是由政策（如公平贸易）驱动的。健康标准则在政策和产品要素之间建立了非常强的关系。政策和战略也有紧密的关系。

星巴克的流程要素非常强大。其规范化的标准流程在产品和客户体验方面保持了一致性；与供应商建立了高质量的长期关系；精明地选择店面位置；由经验丰富的员工为新员工提供一致性、标准化的培训；以及重视来自员工和客户的持续反馈。这在几个重要的要素关系中创造了连贯性。流程与政策紧密相关，无论是在从供应商处采购咖啡豆方面，还是在员工培训和福利方面。流程和组织要素在企业的特定组织战略（包括采购、店铺组织、培训和人力资源）方面相互作用。

对于组织要素，有几个关键特征值得注意。其中一个是所有业务都是公司自营的（除了美国之外的地区）。星巴克从国际市场采购原材料，集中加工。这为知识传播提供了基础设施。因此，组织与知识、流程和产品要素有重要关系。该组织结构旨在提供一致的产品质量。

星巴克知识要素的关键特征是对产品的了解——从咖啡豆的质量到烘焙。知识存在于所有员工中，卓越的培训确保了整个企业知识的一致性。客户反馈和市场研究为企业知识提供信息。通过了解星巴克产品的来源，企业可以从其他地方学习最佳实践，并将供应商纳入其知识库。知识与战略密切相关，因为知识是战略的基础，产品和服务要素都与知识紧密相连。

星巴克具有高度标准化的基础设施支持条件，并在整个企业中选择性地复制。信息技术在基础设施要素中尤为重要。流程和知识要素紧密相关，因为有效流程和信息技术基础设施使得知识得以积累和分析。战略也与基础设施密切交互，如店铺设计。

最后，我们来谈谈星巴克的产品和服务要素。产品要素的特点是质量和可重复性，产品供应范围的可扩展性，星巴克定制产品的能力，可持续性，以及公司与多家其他企业（包括美国联合航空、爱玛客、百事公司和万豪酒店）的合作。产品要素在战略、流程以及与服务的关系中扮演重要角色。星巴克的服务要素以客户体验为特征，同时展示了企业的高度价值观，可扩展性，并保持业务的可持续性和社会责任感。服务与战略密切相关，因为服务是战略的执行；服务与流程相关，借助流程执行服务以支持战略；当然，服务也与产品相关，星巴克的服务与产品是紧密结合的。

现在，想象一下，如果一个为星巴克做企业架构项目的团队仅仅孤立地考虑信息技术或考虑企业的流程，结果会如何？未能考虑所有相关要素必然导致次优结果——企业的某一方面表现出色，却以牺牲其他方面的出色表现为代价。

现在我们已经描述了企业要素模型并通过一个案例进行了说明，接下来我们转向架构设计的过程，以指导架构团队的活动。

ARIES流程模型

ARIES 流程模型定义了七项按顺序实施的活动，如图 2.3 所示。从右上到左上顺时针方向，从了解企业环境、执行利益相关者分析和获取当前架构开始。接下来是创建未来的整体愿景并生成替代架构。然后是决定未来架构，再之后是制定未来架构的实施计划。一旦完成实施计划，就可以开始实施设计。

现在让我们简要地了解一下这七项活动，每一项活动都将在后续章节中详细介绍。

活动 1：了解企业环境

第一项活动是了解企业所处的环境。环境包括内部环境和外部环境。外部环境（即生态系统）是与我们的企业相关的世界的一部分。在这个生态系统中，有许多相互关联的企业（如合作伙伴、供应商、竞争对手、政府机构）。有一些因素描述了外部环境，如市场因素、经济因素和监管因素。变革的战略必要性和动机通常根植于生态系统的变化中，因此架构团队需要仔细研究这些变化。内部环境为企业在其生态系统中的运作提供了多样性和稳定性。通常，理念和核心价值观是常量，但在转型过程中应该考虑是否需要对其进行调整。在这一阶段，高层次的战略转型目标和任务（可能包括商业模式的变更）是关注的重点，这些决定了转型计划的范围和边界。在这项活动期间，架构团队将开始考虑实施计划，获取任何关于转型的必要因素和障碍的早期看法。这是确定现有的和未来需要的企业能力（如扩展性、适应性、灵活性）的时机。我们将在第 3 章详细地讨论企业环境。

活动 2：执行利益相关者分析

在了解企业环境之后，架构过程的下一项活动是审查利益相关者的价值。在利益相关者分析中，需要与关键的内部利益相关者进行接触。在一些情况下，以某种方式涉及相关的外部利益相关者也是有用和必要的。这些外部利益相关者虽然在企业边界之外，

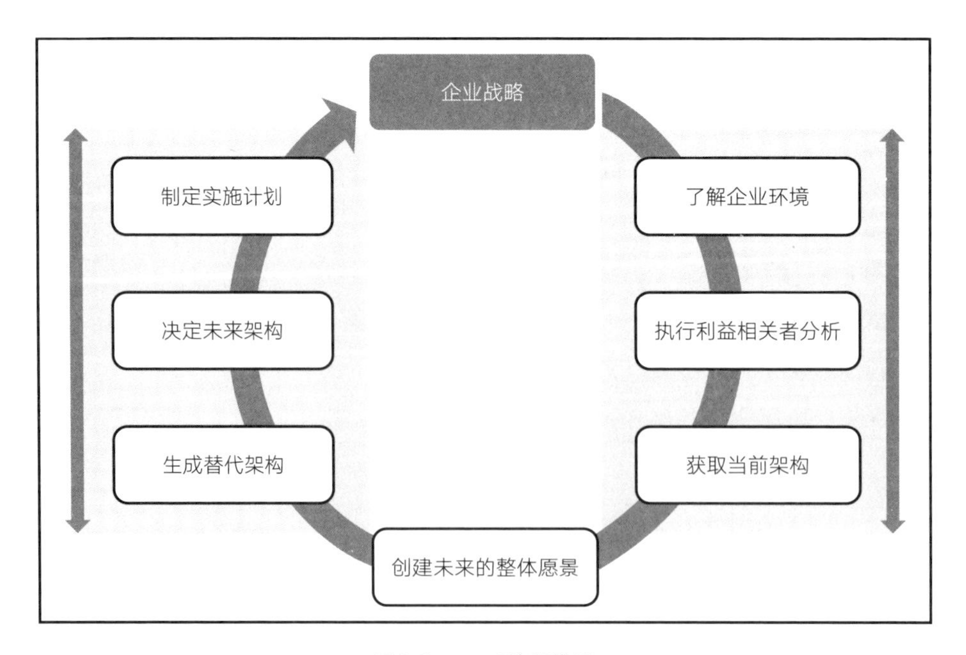

图2.3 ARIES流程模型

但与企业的转型有利益或利害关系。通过利益相关者分析，可以了解所有受到企业影响或影响企业的个人和群体。我们倡导一种以价值为导向的分析方法，以发现利益相关者期望的价值与实际交付的价值之间的差距，以及当前价值交付与预期未来需求之间的差距。在此步骤中，架构团队获取关于未来架构如何满足现有和未来利益相关者需求的早期见解。利益相关者分析是架构设计中的一项基本活动，有许多方法可以有效地促进这一活动，具体方法将在第 4 章中讨论。

活动 3：获取当前架构

在完成利益相关者分析之后，我们将注意力转向企业当前的结构和运作方式。获取企业当前的架构（即现状架构）这项活动通常需要付出大量努力。一些企业可能已经有记录在案的正式架构。如果有，仍需要做一些工作来确定已记录的现状架构是否与当前现实一致（一致的情况很少发生，因为企业在不断发展），并注意任何偏差。在这项活动中，架构团队使用企业要素模型作为全面调查的指南，以调查和记录当前状态。这需要深入研究要素之间的互动、企业当前的能力，以及战略目标、核心流程、利益相关者价值和企业绩效措施的一致程度。使用 SWOT（优势 - 劣势 - 机会 - 威胁）分析法或类似方法进行基本评估可获得参考建议。我们将在第 5 章中进一步讨论这项活动。

活动 4：创建未来的整体愿景

一旦了解到当前企业的状况后，下一步就是创建企业未来的整体愿景。转型的时间范围是根据领导层的指导和任何驱动因素（如新政策法规生效的日期）确定的。在活动 1 中确定的环境因素在创建未来愿景时很重要。架构团队需要尽可能了解企业在转型时间范围内可能遇到的新因素和影响。类似地，预测在转型过程中可能发生的利益相关者价值的变化也很重要。要素和要素交互被作为透镜来阐述愿景，深入了解哪些要素对实现愿景至关重要。在创建愿景的同时，架构团队将决定一种架构评估方法，以便从一组替代方案中选择出理想的未来架构。企业能力在此评估中常常扮演着重要的角色。我们将在第 6 章中进一步讨论这项活动。

活动 5：生成替代架构

在了解当前和预期未来的生态系统和利益相关者、当前架构以及整体愿景之后，团队开始着手生成替代架构。正如我们将在第 7 章中讨论的，首先需要探索概念以提供新的可能。生成概念可能是架构团队中最具挑战性的工作，其极大地依赖于创造力。概念生成帮助团队“跳出思维范式”，并建立可能有效的知识体系。来自第一轮的想法和知识被结合与完善，生成比概念更详细的替代架构。十个企业要素促进整体思维，我们建议按顺序考虑这些要素。使用我们将在第 5 章中讨论的“要素剖析”，对替代架构进行详细阐述，以便进行正式评估。在第一轮中，我们将可行性、成本和风险放在一边，现在我们将它们纳入考虑范围，同时思考可实施性。通常，一个团队将开发三到五个可行的替代架构。第 7 章将讨论这项活动。

活动 6：决定未来架构

一旦确定了一组可行的替代架构（那些被团队认为可能有效实现预期未来的架构），架构团队之外的决策者可能会参与进来。根据所选择的评估方法，评估者可能仅限于团队，也可能扩展到企业中的其他利益相关者，甚至包括外部利益相关者（如客户或供应商）。构架师应用选定的评估方法和选择标准（我们将在第 6 章中讨论如何确定这些标准），根据标准对架构进行评分，并用其他选定的指标（如风险、可实施性）进行评级。用整体愿景判断每个替代方案在一个或多个预期未来情境中的适用性。评估可获取团队成员的见解和假设。对架构的仔细检查可能导致对其进行小的改进。在理想情况下，架构的选择是评估的自然结果。但实际上，我们观察到的情况往往不是这样。我们常常发现团队并不是简单地选择得分最高的架构，而是通过一轮评估，发现所有替代方案的正面和负面特征。基于此，团队通过结合两个或多个替代方案的正面特征，得出一个“混合”架构。在这个步骤中需要领导层的初步批准，以确保在进一步开发未来架构之前获得认可和支持。我们将在第 8 章中详细讨论如何评估和选择方案。

活动 7：制定实施计划

在此阶段，需要更多的细节以形成所选架构的详细描述。再次按顺序考虑要素，形成对每个要素的详细剖析以及要素之间交互的描述。获取要素交互的细节对于实现整体目的尤为重要。识别现有架构与目标架构之间的差距，确保目标架构能够与之前识别的能力相对应并可追溯是至关重要的。然后制定实施计划，包括资源、时间表、角色和职责，计划包括在工作推进时告知和吸引利益相关者的沟通策略。这一计划主要关注“做什么”的问题，是各企业职能领域的专家制定后续详细实施计划的基础。将在第 9 章详细介绍实施计划活动。

在七项活动中，架构团队选择性地使用了各种方法。在后续章节中，我们将更深入地了解所有 ARIES 架构的活动，并介绍一些可能使用的方法。我们将采用从我们对现实世界企业的研究中选取的示例来说明这些活动。下一章我们将从第一项活动——了解企业环境开始。

第3章　了解企业环境

从科学角度来看，我们知道宇宙中没有任何事物是孤立或单独存在的。

——玛格丽特 · J. 惠特利（Margaret J. Wheatley）

企业有内部环境和外部环境。了解企业环境是 ARIES 流程中的第一项活动。那么，企业环境究竟是什么意思，环境与转型有什么关系呢？下面我们通过一个简单的类比来解释。

想象一下，你的家就像一个企业。你的家不仅包括房屋本身，还包括房屋所在地的地产。这地产可以被视为内部环境。它是你家环境的一部分——大多数情况下，它是你可以直接控制的部分。在内部和外部环境之间有一个明确的边界，将你拥有的地产与他人拥有的土地分开。这个分界线可能很容易确定，例如，当你的私人地产周围有围栏等物理边界时。即使不可见，这个边界仍然存在。在大多数情况下，你可以控制自己地产边界以内的事务，但需要遵守不同分区的特有法律或法规。

在你的地产边界之外是你所居住的市镇，即外部环境。这个围绕着你的地产更大的环境是一个不断演变的生态系统。建筑物可能会被建起或拆除，新道路可能会被修建，市镇政府也会定期设定规则。你或许能够影响但无法控制这个不断变化的外部格局中的事物。

与家庭一样，企业也有内部和外部环境，即在企业边界内外的环境。外部环境，或围绕企业的外部世界，是企业所在的更大的生态系统。我们认为，在不断变化的生态系统的背景下，积极思考未来的企业是绝对必要的，转型主要是由动态世界带来的变化和机遇而触发的。因此，了解生态系统以及企业在这个生态系统中独特且成功的基本特征是至关重要的。

内部环境是转型的背景。它包括理念和核心价值观，并以未来为目标制定指导企业未来方向的战略要务，对内部环境的深入了解对于形成将催生转型的明智的看法至关重要。

对于任何特定的转型，环境都是独特的。架构团队需要共同了解内部环境在何处结束和外部环境从何处开始。实际上，这是一个开放性的边界。然而，团队需要就哪些是内部环境、哪些是更大生态系统的部分达成一致。

识别范围和边界

架构团队必须了解与转型有关的企业边界（界定大型企业内的具体范围）。[1] 这并不像听起来那么简单。企业是在特定情境中界定的。边界与架构目标有关。我们正在架构的可能是一个项目型企业，例如，某汽车制造商的项目型企业可能是开发和制造特定系列的汽车。它也可能是一个多项目企业，涵盖其生产的所有汽车，跨越多个车型系列。或者，它可能是一个全球企业，包含企业在全球范围内增加价值交换的一切内容。

一家拥有十名合伙人的初创公司是一家企业，同样，一家拥有五万名员工的全球金融服务公司也是一家企业。在这种大型全球企业中，处理某个业务方面（如信用服务）的部门可能被认为是大型企业的一部分，是架构工作关注的重点。界定边界将决定企业和生态系统的哪些部分是在转型范围内或范围外。

界定范围是根据期望的企业变化确定具体的关注点。转型的范围可能是一个特定的商业机会，或是如何扩展劳动力（例如，通过外包、招聘或收购）。具体的目标、生态系统因素和约束因素可能会限制可能的转型范围。范围的界定需要确定物理、逻辑和操作方面是否会发生变化。例如，搬运或合并设施可能不被视为一个选择，但将工人分配到设施内可能在考虑范围内。此外，企业必须确定哪些利益相关者群体在范围内，组织中哪些部分直接参与或间接受到影响。它们在架构工作中的特定相关性是利益相关者分析的一部分，我们将在第 4 章讨论。与利益相关者一样，企业整体基础设施的某些方面，以及特定的商业战略和政策，可能具有特殊的相关性。这将在第 5 章中变得更加清晰，因为多个要素被用于获取现有的企业架构。

一旦界定了转型的边界和范围，架构团队就可以更详细地调查企业环境。架构团队需要调查和监控每个主要生态系统因素的最重要的维度（如经济、市场、监管等）。团队需要探索企业的近期历史，以寻找与每个因素维度相关的渐进性变化趋势或颠覆性变化。在继续推进之前，需要仔细考虑所有这些事项。

向外看，至关重要的是认识到现存的差距和机会，并在企业周围不断变化的世界中发现新出现的需求、威胁和机会。这些认识有助于阐明实现目标转型的必要条件，以及周边环境中的力量，明确在给定的时间象限内什么是紧迫的。这是对当前企业能力以及未来所需能力进行盘点的时机。了解战略要务、企业能力和生态系统，是驱动构想、策略和决策的思考基础。

企业生态系统（外部环境）

架构团队现在面临的任务是了解其生态系统，即企业所在的外部环境。我们很容易对我们企业周围的世界做出假设，并相信我们已经了解它。这些是转型项目中可能做出的一些最危险的假设，因为如果架构团队未能充分了解生态系统中的价值驱动因素，那么做出错误决策的可能性就很高。所谓价值驱动因素，是指影响利益相关者对企业产品和服务的看法的因素。例如，经济衰退可能会使高端奢侈品对客户的吸引力降低。同时，重要的是考虑这些因素在未来将如何变化。如果经济复苏在望，企业可能希望将一些产品研究转向高端产品线。

“生态系统”一词借用自生物学和生态学。企业生态系统，即企业存在的世界，由其他企业、利益相关者和资源的相互联系组成，这些因素对企业的价值（接收和 / 或交付）有直接或间接的影响，经济、政治、监管和市场条件决定了这种系统。企业的构成部分可能包括合作伙伴、竞争对手、供应商、政府机构和其他实体。生态系统构成部分之间存在依赖关系和相互关系。企业的繁荣可能依赖于其他企业构成部分的存在和健康，以及生态系统如何演变。

在进一步审视企业生态系统时，我们可以开始识别充满不确定性的领域。我们可能认为，政权变更后的经济政策存在不确定性。我们可能不确定某项新技术是否能及时应用于我们的新产品线。我们可能不确定如果业务量翻倍，我们的供应商体系是否足够。架构团队需要识别企业当前面临的最重要的生态系统因素和相关的不确定性，以及企业未来可能面临的不确定性。

生态系统中的不确定性和影响因素

生态系统因素是我们企业生态系统范围内的外部因素，具有独特的影响和不确定性。这些因素会随着世界的变化而变化，而这些变化往往会对企业产生正面或负面的影响。生态系统因素可能包括经济、政治、环境、资源、技术和市场相关的因素。我们对企业的研究表明，转型的触发因素往往源于一个或多个（预期或实际的）因素的变化。[2]

表 3.1 描述了七个重要的生态系统因素，并举例说明可能导致在某种程度上影响企业从而驱动转型需求变化的触发因素。架构团队需要考虑这七个以及其他生态系统因素的重要性。

以 20 世纪 70 年代美国企业能够与中国进行贸易为例，在这之前，中国企业被排除在这个巨大的市场之外。在许多情况下，企业并没有立即准备好适应这种生态系统变化以利用这一新的机会。有时，这样的情况似乎突如其来，导致生态系统内意想不到的突然变化。但是，如果企业能够积极主动并持续监测其外部环境中的趋势和指标，则可以提前预测转型的需求，能够预见生态系统因素的变化，对于做好应对准备的企业将拥有巨大的优势。

什么是积极主动？想象一下这种情况，政府为了提振疲软的经济而进行超常的基础设施投资，从而改变了许多不同企业生态系统的经济状况。这些企业可能包括发现建筑承包商需求激增的混凝土制造商，需要招聘建筑工人的临时人力资源公司，以及需要派遣警察前往工地以维护公共安全的警察局。对于这些企业来说，生态系统的变化可能不是意外。在政府进行投资之前，政策变化已成为一个经常讨论的话题。一家积极主动的企业可以预见这种特定未来的可能性，并开始研究企业可能需要的变革。在某些情况下，企业甚至可以通过游说或类似的活动影响实际结果。

表3.1
企业生态系统因素

生态系统因素	可能引发企业转型的变化示例
政治	新政府上台，影响投资者行为
	预期的选举周期导致领导层变更
监管	新政策限制了企业可开展业务的国家
	更严格的排放标准出台，影响产品
经济	全球（或国家）经济衰退，迫使企业裁员
	新的创投资金在一段时间内枯竭
市场	一个强大的新竞争者进入企业的主要市场
	贸易协议的签署为新市场带来潜力
技术	颠覆性创新降低了企业产品的吸引力
	技术创新将业务模式转变为服务导向的模式
资源	强制退休年龄的实施导致劳动力迅速流失
	新材料的可用性为新的产品带来机会
环境	自然灾害扰乱了关键地区的业务
	利益相关者开始呼吁“绿色”企业实践

技术创新常常迫使企业彻底改变其商业模式。这就是 IBM（国际商业机器公司）的情况，它从主要销售大型计算机发展到全球服务。这一重大企业转型的成功是众所周知的，[3] 但并不是每个面对类似情况的企业都能取得同样的成功。

颠覆性创新可以创造出基本上淘汰整个产品类别的变化。例如，便携式 CD 播放器就被 iPod 淘汰了。[4] 企业生态系统中的重大变化要求企业要么具备应对变化的韧性和适应力，要么及时采取行动适应变化。企业的能力可以通过架构设计来实现，从而使企业能够应对预期的生态系统变化，并在面对重大且无法预见的干扰时生存下来。

明确识别生态系统因素是架构团队了解其企业生态系统的重要任务。对于一家大型企业来说，每个因素都有许多维度。虽然所有这些因素对整个企业都很重要，但团队需要监控和考虑在转型过程中占主导地位的因素。一旦确定了这些因素及其相关维度，便可以进一步审查具体细节，包括可能导致变化的触发因素。

以监管因素为例。这个因素涵盖了许多方面，因此架构团队需要识别哪些具体内容与转型活动相关。例如，许多设备制造公司密切关注排放标准的政策。2004 年，美国国家环境保护局（EPA）宣布了在 2015 年前分阶段实施的四阶排放标准。这一排放标准的变化是这些企业产品开发和支持部门转型的主要驱动因素，因为排放标准的政策对这些部门来说是关键因素。相比之下，企业内提供金融服务的部门则可能将税收和利率法规的变化视为最重要的监管因素。

理论上，这种架构活动可能一直进行下去，因为世界在不断变化。对内部和外部环境的调查是必要的首要任务。架构团队因此获得重要知识，但这些知识并不是完整的。因此，在整个架构项目中，架构团队需要持续关注内部和外部环境中的任何重大变化，这些变化可能会使转型面临风险或创造机会。

内部环境

了解企业内部环境需要付出努力。任何一家企业都不能假设内部环境是已知的，不需要努力地了解。相反，调查内部环境始终都很重要，以确保识别出所有的杠杆因素和问题区域。架构团队需要对内部环境有共同的认知。

这包括审视基础要素、理念和核心价值观。架构团队需要识别并与领导层确认对企业未来成功至关重要的战略要务；需要对当前能力进行盘点，并了解未来哪些新能力会对企业有所帮助。架构团队需要清晰地了解变革的动机，以便以后制定未来战略。团队的挑战在于辨别哪些属于主导驱动因素，需要在特定的转型活动范围内得到关注。团队不可能考虑到每个方面，因此，为了使架构团队能够顺利进行转型活动，需要对范围和边界进行确认。

企业的身份

每个企业都有其独特的身份，且这种身份具有多重维度。全食超市（Whole Foods Market）提倡健康、关爱环境和社区，专注于销售最优质的天然和有机产品，并从当地采购产品和农产品。乔氏超市（Trader Joe's）致力于通过优质食品、独特的自有品牌、优惠的价格和社区参与为客户提供价值。开市客（Costco）作为一家会员制仓储俱乐部，专注于为会员提供尽可能优惠的品牌商品价格。了解企业身份的各个维度是架构团队工作的前提条件。如果团队成员来自企业外部或是新加入企业，这一点尤为重要。不论团队成员是“内部人”还是“外部人”，架构团队都需要就必须保护的身份方面达成共识。

在项目开始时，架构团队需要了解变革的动机（对什么？是什么？为什么？），并据此确定战略要务。这些是企业为实现其愿景必须追求的前瞻性的优先事项或方向。战略要务可能会推动企业朝新的方向发展，填补空白或消除弱点。也就是说，它们涉及改变或脱离当前状态，而理念和核心价值观则往往是不变的，除非发生重大的领导层或所有权变更。

架构团队必须牢牢把握企业的理念和核心价值观。这种了解最好通过与企业领导层的对话获得。还可以通过检查使命宣言、以目标为导向的报告和业务衡量标准等文献获得。

理念是企业的世界观，是支撑企业最高目标、期望和文化信仰的持久思想体系。一般来说，企业的理念会随着时间的推移而缓慢演变。许多现代企业将其理念表述为以价值为中心，并制定了一系列扩展的原则，如精益企业。越来越多的企业试图将其理念转变为关注社会整体利益。这些企业可能将其企业理念描述为致力于成为具有社会责任感的企业、绿色企业或可持续企业。

将业务绩效衡量体系与理念联系起来是成熟企业的常见做法。基于理念的目标和衡量标准，可能会贯穿我们所定义的十个企业要素中的许多要素。企业宣称其社会责任是一回事，而拥有可证明的“证据”则是另一回事。

《星巴克全球责任目标和进展报告》是一个展示社会责任的精心制作的示例，包括总结倡议进展的记分卡。[5] 例如，其 2010 年报告中的十二个目标之一指出：“从 2010 年 12 月开始，所有新建的公司自有门店将获得 LEED 绿色建筑认证。”报告接着指出进展顺利，并给出了具体信息：“2010 年，我们完成了美国绿色建筑委员会（USGBC）绿色建筑认证批量认证试点计划的试点阶段，10 个门店设计和建设项目通过了绿色建筑委员会的审核和批准。”公司每年都会更新报告，展示其计划的进展。2011 年报告指出:

“经过多年的评估试点和测试，我们现在正在执行这一新战略，并使 75% 的新公司自有门店获得绿色建筑标准的认证。”目标可能具有挑战性；2012 年报告中的证据包括以下声明：“作为全球首家采用这种建筑方法的零售公司，我们在一些地理区域取得了成功，但在其他地区面临挑战。2012 年，我们 69% 的新全球公司自有门店获得绿色建筑认证，但在绿色建筑认证项目不那么成熟的地区应用 LEED 时遇到了困难。未来，我们将探索其他策略，使 100% 的门店达到可持续建筑标准。”

企业架构团队需要在工作开始时了解企业的理念。至少需要考虑替代架构与总体理念之间的一致性。在某些情况下，所选择的架构替代方案可能会推动目标或衡量标准的调整或增加。至少，企业架构工作的实施计划需要描述目标架构与相关企业基于使命、目标和措施的理念之间的关系。在团队调查企业现状时，应注意观察其声明的理念与实际做法之间的任何差距。例如，设想一家自称为绿色企业的公司，却不使用再生产品，也不进行回收利用。

指导原则

核心价值观是企业的恒久指导原则，反映了企业文化。许多企业乐于与外部利益相关者分享他们所提倡的核心价值观，并鼓励员工遵循这些价值观。理想情况下，核心价值观指导着重要的决策和选择。

在转型过程中，可能需要进行调整，以使行为与核心价值观保持一致。尽管企业随着时间的推移不断发展壮大，但其核心价值观往往相对不变。迪尔公司（Deere & Company）是一个很好的例子。该公司由铁匠和发明家约翰・迪尔（John Deere）于 1837 年创立，基于诚信、质量、承诺和创新建立自己的业务。这些核心价值观至今仍是公司不变的信念。[6]

全食超市是一家销售天然和有机食品及其他产品的连锁店，它将公司的七项核心价值观称为“公司的灵魂”。在每个核心价值观之下都有详尽的主张和信念。例如，其中一项核心价值观是满足和取悦顾客。它包含六个子要素，其中之一是创建吸引人的店面环境，声称全食超市设计的店面环境反映了他们所服务的社区。我们发现了一个很好的案例，它展示了履行这一核心价值观如何引发了一项转型的举措。在一个七岁男孩及其父母游说其位于加利福尼亚州千橡市的店铺使用盲文货架标签之后，全食超市启动了盲文独立倡议，并选择了其位于马萨诸塞州牛顿维尔的店铺作为第二个安装点，因为该店铺靠近两所重要的盲人学校。[7] 许多企业声称他们有核心价值观，但如果企业不以这些价值观为准则，这些价值观就毫无意义。

企业的理念和核心价值观应当高度一致，否则必然会出现问题。这种一致性或不一致性对架构团队来说都是重要的信息。核心价值观可以作为评估替代架构“适应性”的评估标准（我们将在第 9 章讨论这个话题），还可能是提示企业在新架构中必须保留的方面。同样，当现有企业中存在两者不一致的情况时，也可能暗示需要改变核心价值观。

企业架构团队利用理念和所提倡的核心价值观来了解企业的价值观。理想情况下，这种了解为团队提供了一个框架，使其所选择的未来架构必须适应这个框架。但团队也可能会发现理念和核心价值观之间存在某些不一致的情况，或者发现声明的理念和价值观与员工实际接受程度之间存在差异。后者会促使团队在调查当前企业时（在第 5 章讨论）对这一差异进行更深入的调查。这些差异可能会引发关于在未来架构中解决这一差异的想法和需求，甚至可能需要领导层采取相关的策略来重塑理念和核心价值观。

变革动机

企业可能因多种情况而产生变革动机。如前所述，变革可能由过时的理念和价值观、不一致性或企业文化未能践行企业核心价值观所推动。变革动机往往来自生态系统中威胁企业在动态世界中生存和发展的因素。变革的动机也可能仅仅是为了变得更好，或者为了在预见的未来中出现的新机遇做好准备。一旦动机明确，领导层便会为企业转型设定战略要务。在这些要务的指导下，架构团队就可以开始制定具体的转型目标和任务。

企业可能出于多种原因走上转型之路。市场机会、经济变化、竞争力量、业务的自然演进、并购活动或追求重大改进都可能需要新的架构。关键问题是什么推动了企业转型的需求，而企业转型反过来又推动了企业架构变革的需求。从这里，我们可以阐明企业面临的可以通过架构变革解决的战略挑战。

一旦这些挑战被明确，领导层可以根据团队的发现制定具体的战略目标和任务。此时，可以确定转型工作的时间范围，识别现有的或未来所需的具体的企业能力。这些能力为企业发展提供了重要的手段。

企业能力

企业能力是提供执行能力并以特定方式应对挑战和机遇的系统属性。这些能力至关重要，因为它们提供了一种手段，使企业在动态环境中能够持续实现价值交付。

架构团队可能会发现当前企业中存在一些可以利用的属性。例如，通过使用临时员工实现的劳动力可扩展性，使企业能够响应缩小企业规模的战略要务。这些能力也可能尚不存在，但可以作为未来架构的目标。例如，通过特许经营方式实施的组织和基础设施可复制性，可能是未来架构支持国际增长的目标能力。

考虑一家要从国内扩展到国际战略要务的企业。这意味着在其扩展的全球生态系统中会出现新的且可能未知的因素，例如不同的市场和政策。适应性将可能成为一种重要能力，定义为企业通过自我转型以应对生态系统变化的能力。适应性可能已经存在于当前企业中，或是未来企业架构的期望特征。当然，我们需要具体说明企业架构的哪些方面提供了适应性。例如，在适应性与财务相关的情况下，企业可能需要从固定定价结构转变为灵活定价结构，从而能够更容易地为不同经济水平地区的产品进行定价。

我们的研究发现，现代企业受益于一些重要的企业能力。有十项能力被认为是主要能力，另外六项能力也经常发挥作用。当然，还有其他能力，哪些能力最重要将取决于企业的具体情况和时代背景。例如，在硅谷初期的发展中，竞争力和可扩展性是年轻企业茁壮成长所需的重要能力。对于一家寻求特许经营的企业而言，可复制性是必不可少的能力，但在其他类型的企业中，可复制性可能并不需要。

表 3.2 定义了我们选取的十项企业能力，您的企业可能会有不同的定义。最重要的是，这些定义应明确且易于理解，以避免做出模棱两可的决策。[8] 所有相关的利益相关者需要对它们有共同的定义以避免误解。

除了表 3.2 中展示的十项企业能力外，我们还经常看到其他几种能力：问责性、自主性、可配置性、有效性、模块化和稳定性。随着时间的推移，我们看到越来越多的这

表3.2

企业能力定义

能力	定义
适应性	企业通过自我转型以应对生态系统变化，从而维持价值交付的能力
敏捷性	企业迅速从一种战略转移到另一种战略，以维持价值交付的能力
竞争力	企业提供的产品/服务为利益相关者带来的价值等于或超过竞争企业所提供价值的能力
可演变性	企业利用当前架构中的成功特征进行转型的能力
可复制性	有效复制企业实体（如产品/服务、业务单元）以创造或持续价值交付的能力
韧性	企业应对变化的环境并从破坏性事件中恢复的能力
响应性	及时且有效地响应新出现的利益相关者需求、威胁和机会的能力
稳健性	尽管企业生态系统发生变化和扰动，但仍能维持稳定的价值交付的能力
可扩展性	企业根据变化的环境进行扩展或收缩，以维持价值交付的能力
可持续性	企业在环境、经济和/或社会维度上长期生存的能力

种类型的术语。

例如，企业的可扩展性可以指劳动力规模或产品种类的数量，还可能意味着其基础商业模式具有经济增长的潜力，企业本身可以在规模和市场份额上增长。适应性可能指在多种商业模式下运营的能力，或者在不丧失企业关键运营要素的情况下拆分业务单元的容易程度。稳健性则表征了企业在其运营环境中应对变化，有时是不可预测的变化时，不会失去太多功能的能力。

有时，一项能力可能具有多个维度。比如可持续性，一方面指的是企业维持市场份额、流程、功能、多样性和生产力的能力。另一方面，它可能意味着保护环境。同样，对于架构团队来说，为特定企业精确定义这些能力的含义至关重要。

星巴克从客户体验其门店的角度理解可持续性，同时还将环境可持续性作为其业务的一部分。公司宣布“全球店铺设计策略”时，一位高管表示：“我们认识到，为了长期保持相关性，必须不断随着客户的兴趣、生活方式和价值观的变化而调整。我们新的设计方法将使客户在访问当地店铺时感到宾至如归，并为他们提供在全球其他店铺探索的机会。”[9] 基础的方面包括对道德采购、环境管理和社区参与的持续承诺，新设计反映了每家店铺周边社区的特色，并有助于减少环境影响。

对于任何一家企业而言，都可能有一些使其能够转型的企业能力，特别是如果企业在需要时善于运用这些转型能力的话。能力可以反映转型实现或完成的难易程度。例如，针对劳动力可扩展性进行架构设计（如通过外包或临时雇员实现扩展人力，即许多零售公司在节假日高峰期采用的做法）使企业能够根据业务需求高效地扩展或缩减规模。这就是为什么企业能力通常被用作评估替代企业架构优劣的标准之一（我们将在第 6 章讨论这一点）。

内部环境中的战略要务、理念、核心价值观和企业能力将继续在未来的架构工作中发挥核心作用。了解外部环境（生态系统）则更加不易。生态系统的性质和动态需要持续监控，警惕新的转型触发因素或对成功的威胁。不断变化的生态系统经常是企业转型的催化剂。企业的新架构至少应使其能够在生态系统中生存，一个优越的架构将使企业能够繁荣发展。

在对企业环境有了新的了解后，架构团队现在准备进入 ARIES 流程中的第二项活动：利益相关者分析。

了解企业环境

应用到您自己企业的练习：

- 列出企业生态系统的主要组成部分（竞争者、合作伙伴、供应商等）。
- 确定企业的关键生态系统因素，并简要描述。参见表 3.1 中的一些示例。
- 确定企业的边界和范围。
- 清晰阐明企业的战略任务和目标。
- 选择并定义实现目标所需的企业能力。参见表 3.2。

需要考虑的问题：

- 您是否确认了企业的使命、理念和核心价值观？

- 您是否清楚了解推动变革的战略要务？
- 您的生态系统中的成员是谁，您如何与之互动？
- 您的生态系统变化的速度如何？
- 目前存在哪些可以利用的能力？
- 您的企业需要哪些能力来满足未来的目标？
- 您的企业在应对可能的生态系统变化方面准备得如何？

第4章　执行利益相关者分析

价值在旁观者的眼中。

对企业环境的仔细研究将使我们清楚地看到企业拥有许多不同的利益相关者。现在我们将转向对利益相关者进行更深入的分析这一任务。我们的信念是，如果不从价值的角度考虑，就无法理解利益相关者。事实上，价值的概念对于从整体上思考企业至关重要。

企业的存在是为了提供价值，而价值主要根据企业利益相关者对企业的看法，以及他们给予企业的价值和从企业获得的价值来定义。企业的利益相关者包括那些“居住”在企业内部的人，也包括那些在其生态系统中直接或间接影响企业目标实现水平和价值创造过程或被此影响的人。价值是利益相关者如何理解以他们各自对企业的贡献交换效用、利益或回报。

企业如何创造价值

在复杂的企业中，价值创造并不是一件简单的事情，其中涉及许多方面。企业如何有效地关注那些创造价值的事物，并避免做那些不增加价值的事情？在知识不全面且资源有限的情况下，企业如何为其利益相关者创造价值？考虑到利益相关者今天重视的东西未必是他们明天会重视的，企业如何维持价值的持续性交付？

过去，许多企业几乎只关注财务价值和 / 或满足客户的需求。根据在工业和政府中的应用研究，现在这种关注已显著扩展，涵盖了多重视角的价值，既有为所有利益相关者创造的价值，也有他们自己创造的价值。无论利益相关者是所有者、员工、供应商还是客户，企业都必须考虑每个利益相关者的价值。企业中的某些部分通常会对特定的利益相关者给予高度重视，而对其他利益相关者则关注较少。这可能是合适的，但企业的视角需要考虑所有利益相关者。[1] 不幸的是，我们的经验表明，价值交付往往在没有整体企业视角的情况下被概念化。

价值是企业存在的理由，因此，我们的企业架构方法采用了以价值为驱动的视角。重点在于整个企业如何创造价值。正如“交换”一词所表明的，价值不仅仅是单向的。企业可能重视员工的具体贡献，而这些员工可能重视他们的薪酬水平以及每天上班时享受的支持性的工作环境。企业可能重视某个供应商提供的成本效益高的组件，而该供应商可能重视来自其供应企业的财务和其他利益。

基于对企业环境的了解（第 3 章），架构团队现在需要更仔细地审视利益相关者。他们各自重视什么？他们对企业的价值贡献是什么？企业内部的价值关系是什么？需要了解这种价值链。全面了解企业中的利益相关者价值的第一步是识别所有利益相关者（或利益相关者群体）以及他们各自重视的内容。

企业通常有许多个人和群体利益相关者，价值因企业而异。在某些类型的企业中，客户和最终用户之间存在差异。对于消费品企业，它们可以是同一个群体，但在其他企业中，这种差异可能很明显。例如，飞机制造商的客户是购买其飞机的航空公司，但乘坐飞机的公众是最终用户。这个特定企业必须确保对每个群体重视的内容有明确的了解。从这些价值中可能会发现一些争议点。例如，乘坐飞机的公众在乘坐飞机时重视腿部空间，但航空公司希望在飞机上设置最大数量的座位。了解这些价值冲突很重要，以便决策不会无意中偏袒某个利益相关者而忽视其他利益相关者。

每个企业对其最重要的利益相关者都有独特的看法。企业最常提到的关键群体是客户，以及股东（或同等角色）。员工是一个关键的利益相关者群体，但他们很少被认为是对企业最重要的。美国的西南航空公司（Southwest Airlines）是一个显著的例外，其方法使它非常成功。[2] 企业并不忽视其他利益相关者，但它比我们在其市场细分中观察到的大多数企业更加关注其员工利益相关者。西南航空的理念是，如果公司拥有训练有素、薪酬优厚、积极主动和深感满意的员工，这些员工将反过来使西南航空的客户满意，公司也将更有效和更高效地运营。最新研究表明，更加关注利益相关者价值（包括员工利益相关者的价值）而不是股东价值，反而可以为股东创造更多价值。[3]

我们的研究表明，许多企业从未真正努力识别其所有利益相关者及其具体价值。这往往是一项相对简单且低成本的任务，但令人惊讶的是，这项任务经常未被完成。有时，这是因为所有利益相关者都被假设是已知和了解的。另一个原因是缺乏下一步的方法来利用这些信息，以形成可有效纳入企业决策的看法，特别是着眼于未来的决策。当然，这项活动不是一次性的。由于利益相关者及其感知的价值会随着时间而改变，因此需要定期进行这项工作。

一旦确定了每个利益相关者群体的价值，就可以利用这些知识来了解价值主张，这包括企业为利益相关者做了什么，利益相关者为企业做了什么，以及他们共同重视的是什么。价值主张可以通过价值在关系间的流动来体现。价值是在利益相关者与企业互动时流动的东西。一种方向的价值流动通过另一种方向的价值流动来补偿，就像员工提供服务以换取报酬的情况一样。

利益相关者价值和关系间价值流动的其他例子可能包括供应商，他们重视在产品设计过程的早期被邀请参与，以便他们能最大限度地提高对最终产品的贡献效率。相应地，企业重视供应商在实现低生命周期成本和零件卓越质量方面的承诺。社会利益相关者可能重视企业在社区中提供的就业机会，对社区整体改善的贡献，以及企业将环境因素作为其流程重要组成部分的事实。反过来，企业可能重视当地基础设施的支持，这有助于企业的持续运营。企业与其所在的当地社区的良好关系，可使社区成为员工生活的理想场所。拥有共同的价值主张对于高绩效企业是必要的。

利益相关者分析

架构团队可以使用多种方法来调查利益相关者的价值。这里讨论了一些方法，更多的方法可以在文献中找到。在执行利益相关者分析之前，架构团队需要选择在这一活动中将使用的“工具”。团队应就利益相关者群体达成一致，并确定需要与这些群体进行讨论的程度。

要执行利益相关者分析，架构团队需要确定谁是利益相关者，对他们进行优先级排序，并确定他们如何与企业进行价值交换。这一分析是了解现有架构的前提条件。典型的公司利益相关者群体包括：

- 客户 / 最终用户
- 股东
- 员工
- 供应商
- 合作伙伴
- 公司领导层
- 社会
- 工会

并非所有这些利益相关者都会出现在每个企业中（如工会），但我们发现这些群体在大多数企业中存在且相似，只是有所差异。

在识别不同的利益相关者群体之后，首要任务是考察他们的特定需求和看法。在此过程中，架构师必须仔细考虑最关键利益相关者中的不同“声音”。这通常通过采访每个相关类别的多个利益相关者（如客户、员工、供应商等）和 / 或利用现有的（最近的）数据，如员工或客户调查，来完成。

架构团队需要采用一种方法，以确保在为每个利益相关者群体确定优先级方面具有一定程度的共性。一旦团队确定了利益相关者，并分析了这些利益相关者与企业之间的价值交换，一些简单的模板就可以帮助我们获取这些信息。

分析向每个利益相关者交付的价值的一种有效方法，是量化每种价值对他们的重要性以及企业在交付每种价值方面的表现。这通常被记录在一张简单的 1 到 5 级的量表上，如利益相关者访谈所反映的那样。根据这些信息，可以创建简单的价值交付图，比较利益相关者的价值。这些图直观形象地描述了价值对利益相关者的相对重要性以及企业向该利益相关者交付这些价值的情况。

以一家正在进行重大转型以缩短产品开发和交付时间的大型航空航天企业为例。表 4.1 显示了从对员工利益相关者群体的访谈中获得的综合利益相关者价值重要性和绩效信息。他们使用简单的五级量表对当前价值交付进行了评分。

这一点可以通过图 4.1 中的价值交付图进一步说明，该图绘制了表 4.1 中显示的分数。

表4.1

评估员工利益相关者的重要性和价值交付

利益相关者群体：员工		
引导利益相关者对话的问题： 利益相关者重视什么？ 利益相关者对企业的期望是什么？ 什么会让利益相关者对企业有高度评价？	**该价值对这个利益相关者群体有多重要？ 1 = 低 5 = 高**	**企业在交付这一价值方面表现如何？ 1 = 低 5 = 高**
公平薪酬与福利	5	5
工作满意度	5	4
安全保障	2	4
奖励机制	4	3
职业发展	5	2
完成工作所需的工具	4	1
工作设施	3	1
培训	3	1

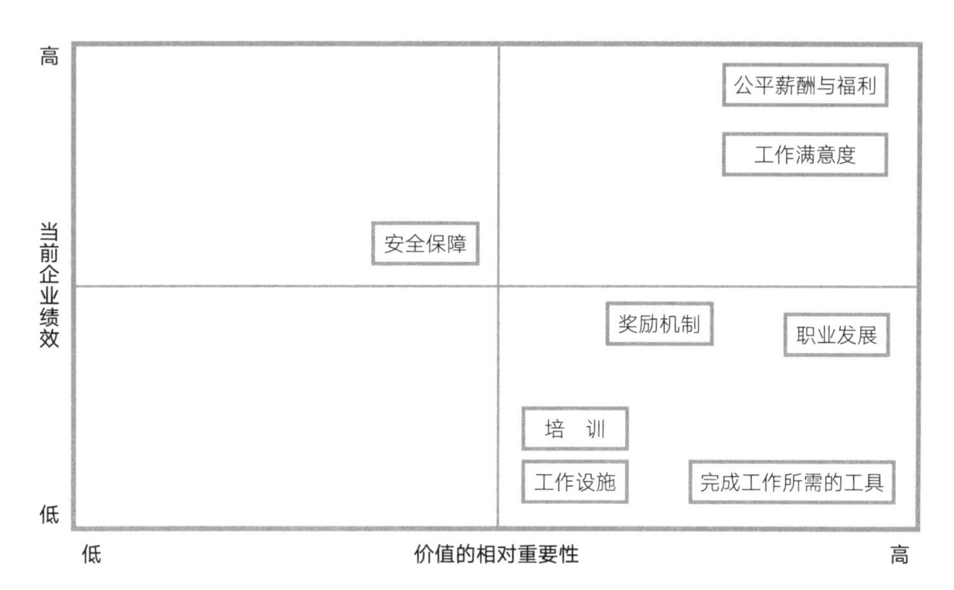

图4.1　当前企业绩效与员工价值重要性

我们发现，这种简单的表示方法提供了一个很好的视觉工具，使我们可以快速看到预期价值与实际交付给利益相关者的价值之间脱节的情况。

通过对这些数据的分析，这家航空航天企业的领导层很欣喜地发现，他们的员工认为自己工资待遇优厚，且喜欢自己的工作（图 4.1 的右上象限）。员工真正希望的是更多的职业发展机会，以及完成工作所需的工具和培训（右下象限）。这一看法尤其重要，因为企业需要改进并可能引入新的方法来简化产品开发和交付流程。此外，员工希望能够获得更多的认可，以及更好的工作设施（尽管这比工具和职业发展的价值稍微不那么重要）。这一分析表明，未来的架构必须保护右上象限的价值交付（公平薪酬、工作满意度），并改善右下象限的价值交付，它们的重要性高但当前企业交付绩效较低。安全保障位于左上象限，虽然重要但相对重要性较低。需要问的问题是，这是否因为它被认为是理所当然的或者企业实际上在这一价值上交付过多而不被认为十分重要。这些价值交换在完成其他利益相关者和流程分析后由架构团队重新审视。

了解价值交换

在收集所有利益相关者的价值观后，团队的任务是分析这些信息，以了解价值交换。我们以一个医护系统为例，该系统认识到需要帮助那些退休后在外地长期旅行时需要医疗服务的客户。该医护系统是由一个松散耦合医护中心组成的区域网络，在全国范围内为利益相关者服务，通常他们只需要区域内的医护服务。这些已经退休的利益相关者继续在区域系统内接受医护服务，但可能会在另一个区域逗留数月。例如，有些是居住在寒冷地区的“候鸟”人士，他们寻找温暖的气候，还有一些是在其他地方与家人同住一段时间的人。

这是该医护服务提供商客户群体中快速增长的一部分，这些客户对旅行到其他区域时难以获得医护服务感到不满。通过对此问题的调查得出的观察样本如下。

> 那些需要常规医护服务并在未提前通知的情况下抵达其他较远区域设施的出行客户，可能会面临不能及时获得医护服务的困境。如果这些客户

未在该区域中心注册，他们必须首先在中心的资格办公室注册。在获得临时常规药物供应之前，出行客户会由替代区域设施的提供商进行评估并开具新的处方，这是一个繁琐的过程，可能需要数小时到数天才能完成。

在这家医护企业内，出行客户的增长趋势引发了一项转型计划，旨在使跨区域的医护成为更无缝的体验。第一步是识别企业利益相关者之间关于期望和贡献方面的价值交换。表 4.2 展示了该分析的部分摘录。

表4.2

医护系统利益相关者价值交换（摘录）

对企业的期望价值	利益相关者	为企业贡献的价值
在需要的时间和地点提供医护服务，实现跨地区的无缝护理	客户	客户订阅医护保健计划，并支付服务费用
无论在哪个地区接受医护服务，都能够在医护记录中录入、访问和查找准确的信息	医生	为符合条件的客户提供医护服务，及时更新医护记录，并在需要的时间和地点安排测试/治疗
能够与地区办公室沟通，访问集中的医护记录，并及时验证资格	转诊病例经理	管理跨地区的医护过程，确保客户了解在各地区内获取医护服务的途径

图 4.2 展示了医生利益相关者群体的价值交换分析结果。对医生的调查问卷结果的回顾表明，企业的当前绩效与某些价值对医生的相对重要性之间存在三大主要差异：在电子病历（EMR）中定位信息的能力、访问病历信息的能力，以及有效沟通的能力。

根据这些反馈，该企业需要更加重视改善对患者病历的访问。由于客户跨越区域边界，医生能够在各个区域定位并获取这些病历信息非常重要。这些问题被认为与有效和患者沟通存在的问题相关。在对转诊病例经理的类似分析中，识别出了四个价值方面在当前表现与这些价值的相对重要性之间存在较大差距：有效沟通，提前通知旅行客户的到达时间，能够提供咨询，以及及时验证资格。

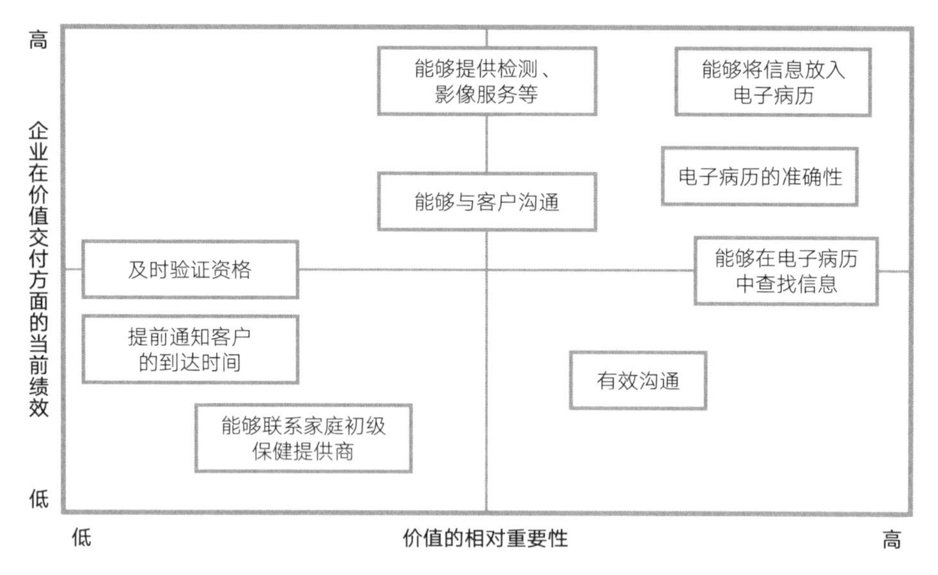

图4.2 价值对医生的相对重要性

基于这些观察到的差距，团队能够了解在协调跨区域客户转移时，帮助转诊病例经理的重要性。与医生利益相关者群体不同，转诊病例经理对当前的记录系统表示满意，但他们担心无法及时与参与跨区域医护过程的其他利益相关者沟通。价值分析有助于发现这些指标。

从整体上看待各利益相关者的价值

完成了每种利益相关者的价值分析后，通过审视整体上如何向利益相关者交付价值，可以获得更多的见解。在完成了所有利益相关者的图表之后，整个企业的价值交换可以在另一张价值优先级和交付图中直观地显现出来，如图 4.3 所示。这种描述可以帮助回答以下问题：哪些利益相关者最重要？哪些利益相关者获得的服务不足？在利益相关者群体中是否出现了共同问题？

在这种情况下，利益相关者的价值取向显示，企业的绩效更符合某些利益相关者的价值观，而不是所有利益相关者。根据这些结果和企业内部的访谈，图 4.3 中的方框显

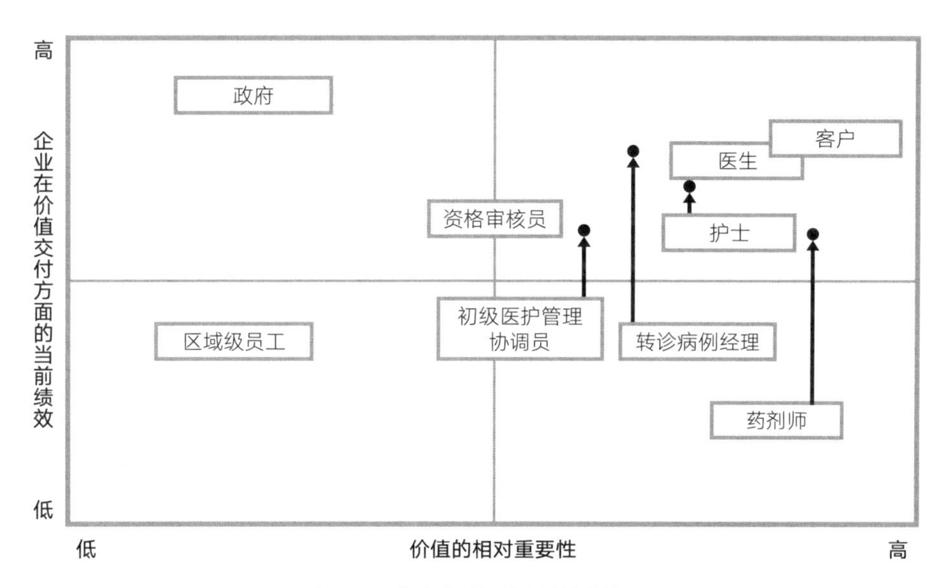

图4.3　综合利益相关者价值交换

示了企业当前向关键利益相关者的价值交付情况。客户和医护提供者似乎得到了良好的服务，而某些其他利益相关者，如药剂师、转诊病例经理、初级医护管理（PCM）协调员和护士，由于其对出行客户的重要性，获得的服务显然不足。由于转诊病例经理在理想情况下应负责和管理客户的转移过程，这凸显了当前系统中的一个重要缺陷。此外，药剂师对于满足高达 30% 的流动客户医护请求至关重要。因此，未来状态的企业显然必须比现在更好地满足这四种利益相关者的需求。图 4.3 中的向上箭头表示未来状态架构中价值交付需要移动的方向。

哪些利益相关者最重要？

为了使团队了解在特定的企业转型项目中应该优先考虑哪些利益相关者的意见，以及应更多地服务于哪些利益相关者，需要进行进一步的分析。虽然广泛收集整个企业（有时甚至更大的生态系统）的利益相关者信息是有用的，但这些信息有可能影响团队的决策，除非在利益相关者分析中对所听到的声音给予一定的相对权重。也就是说，确定利益相关者的重要性顺序是非常重要的，因为并非所有利益相关者对企业都同等重要。

鉴于分析本质上是定性的，架构团队为利益相关者分析带来的重要角色之一是尽可能进行“客观分析”的角色。尽管有时团队可能希望使用更多的方法，但简单的方法是有效的。应用这种客观性的一种有用的方法是了解利益相关者的显著性，并利用这些信息更好地塑造企业变革。

利益相关者的显著性的确定基于三个利益相关者属性。[4] 第一个属性是权力。强大的利益相关者拥有与企业相关的权力，因此可能将他们的意愿强加给企业。公司的首席执行官和军队中的指挥官就是两个强大利益相关者的例子。第二个属性是合法性，即利益相关者的行为在企业的规范、价值观和信仰范围内被认为是可取的、恰当的或合适的。一位备受尊敬的、经验丰富的总工程师就是一个合法利益相关者的例子。第三，紧迫性，存在于利益相关者与企业的关系是有时效性的和 / 或对战略和运营至关重要的情况。例如，在飞机引擎发生故障的情况下，政府调查员将是一个紧迫的利益相关者。因此，确定利益相关者的显著性就是要回答三个重要问题：利益相关者对企业有多大的影响力？利益相关者与企业的关系有多合法？利益相关者对企业的要求有多关键？利益相关者的显著性由这三个属性的累计数量和强度来定义。

这些问题的答案为团队提供了一种方法，将利益相关者分为三类。确定的利益相关者是指那些具有所有三个属性的利益相关者。预期的利益相关者具有三个属性中的任何两个。潜在的利益相关者具有一个属性。[5] 确定的和预期的利益相关者是关键，但潜在的利益相关者也不能被忽视。最重要的是，在按重要性排序时，所有显著的利益相关者都必须考虑在内，因为他们可以显著影响结果。最近的调查研究了企业架构、利益相关者显著性和企业价值创造之间的密切关系。[6]

我们观察到的一个例子是一家正在进行转型的企业，目标是将零件的制造外包（目前是内部开发）作为新业务战略的一部分。架构团队非常关注那些他们认为是做出决策和管理供应商的“强大利益相关者”，但他们未能充分听取制造车间工人的意见。虽然他们与这些人讨论了在企业裁员时的公平对待问题，但团队忽略了获取他们关于如何有效地从内部制造零件过渡到采购零件以保持生产线运行的专业意见。这样做带来了本可以避免的不确定性和风险，并导致在为期十八个月的过渡期内制造的最终产品交付延迟。如果架构团队使用了显著性分析，或许他们会决定在生产车间花更多时间。

利益相关者价值与视角要素的关系

为了更深入地探讨利益相关者的价值，我们使用了另一种方法，即查看视角要素（见第 2 章）对每种利益相关者的相对重要性。表 4.3 提供了一个示例，其中显示了视角要素对每种利益相关者的重要性，是根据架构团队对一家医院医疗系统的利益相关者进行的调查和访谈评估的。在这种情况下，重要性被评为高、中和低，而一些团队使用 1 到 5 的评级。实际上，重要的不是评分尺度，而是能够辨别相对重要性。这可以通过要求利益相关者在这样的表格中指明各种项目的重要性来完成，但我们的经验是，由团队进行这种评估更有效，因为单个利益相关者可能无法完全理解每个视角要素所包含的内容。那么，这些信息揭示了什么？首先，它可能表明在团队进入转型过程时需要进一步讨论的地方。其次，可能会出现某些模式。在表 4.3 的示例中，我们可以看到，采购商、保险公司、提供者和监管机构都认为组织视角很重要，但在这一子群体中，只有提供者认为知识具有高度重要性。这种模式可能会引发额外的问题。例如，是什么驱动了知识对提供者的重要性？可能是他们有未满足的需求或在治疗患者时对最新医疗知识的关键依赖。了解实际情况是很重要的。

表4.3

视角要素对每种利益相关者的重要性（H — 高，M — 中，L — 低）

	战略	**组织**	**流程**	**知识**	**基础设施**
采购商	M	H	L	M	L
保险公司	M	H	L	M	L
提供者	H	H	M	H	M
供应商	M	M	L	M	L
监管机构	L	H	M	M	L

评估视角要素的相对重要性是另一种全面了解利益相关者价值的方法，以及这些价值交付可能欠缺的地方。在这样的分析中所获得的任何更深入的了解，将在考虑未来的替代方案时非常重要。

随时间变化的利益相关者价值

在团队努力了解利益相关者价值时，必须记住，企业在日益复杂的环境中运作，其中不同的不确定性会随着时间的推移而出现。外部环境因素——经济、市场、价格、竞争对手、监管、技术等——会发生变化并影响实际和感知的价值交付。需求和价值会随着时间变化，企业利益相关者的集合也是如此。换句话说，由于世界不是静态的，利益相关者的价值创造也必须是动态和迭代的。随着企业扩展到新市场，可能会出现各种新的利益相关者，如客户、监管机构和新员工群体。随着技术的变化，利益相关者的需求和期望也可能会发生巨大变化。例如，今天购买手机的客户所重视的功能与五年前流行的功能有很大不同，而五年后的理想功能必定会大不相同。这仅仅是利益相关者及其价值动态变化的一个例子。架构团队需要调查这种潜在的价值变化。

价值和环境是相互关联的。企业环境在任何特定时间都会影响利益相关者的价值以及企业价值交付的能力。因此，价值和环境之间的联系是不可分割的。然而，必须记住，利益相关者可能并不了解更广泛的企业的许多方面。虽然利益相关者的意见对于识别架构师需要了解的关于价值的一切是重要的，但可能会受到利益相关者相对狭隘视角的限制。例如，一些利益相关者可能永远不会了解在某个特定地区制造能力的限制，或者董事会对企业在某些领域投资金额设定的上限。利益相关者的意见很重要，但架构团队必须意识到，利益相关者往往看不到企业更广泛的需求全貌。

整合利益相关者相关的见解

识别利益相关者，确定其重要性顺序并激发利益相关者与企业之间的价值交换是全面了解企业如何创造价值的关键步骤。价值交换分析必须考虑从利益相关者到企业和从企业到利益相关者的双向价值流动。此外，使用显著性分析进一步了解利益相关者的重要性，使企业能够更好地理解价值交换的性质和动态——不仅是现在，更重要的是未来可能需要什么。这种了解可以通过视角要素来进一步增强对利益相关者价值的审视。总之，这种性质的调查为设计未来架构以使对利益相关者的价值交付最大化提供了重要的见解。这需要一种平衡的策略，而在此分析中获得的信息有助于做出判断。

一旦分析完成，团队需要花一些时间综合所了解的内容。将会出现企业利益相关者的综合图景，这将有助于开展下一项活动，即获取当前架构。

执行利益相关者分析

应用于您自己的企业的练习：

- 识别企业的所有利益相关者。
- 使用表 4.2 和图 4.2 中的模板，确定每个利益相关者与企业之间的价值交换。
- 确定利益相关者的相对重要性，如图 4.3 所示。

需要考虑的问题：

- 哪些利益相关者对您的整个企业最重要？
- 随着时间的推移，是否会有利益相关者变得更重要或不那么重要？
- 未来有哪些利益相关者价值交付的变化是重要的？
- 未来会出现哪些重要的新利益相关者？
- 在设计未来价值交付时，哪些视角要素是最关键的？
- 架构团队中是否有成员能够从利益相关者的角度看待企业？

第5章 获取当前架构

如果你不了解现有企业，就无法确保你设计的是一家更好的企业。

除非是在设计一家全新的企业，设计企业未来架构意味着从当前企业出发。企业的架构设计依赖于对当前企业存在与运作方式的了解，这是简单的常识。如果架构团队不了解变革的出发点，就可能无法实现有效的过渡。如果架构师未能了解当前的优势和能力，新架构可能无法保留那些在未来仍然有利的部分。考虑到企业的传统、文化及其作为生态系统一部分的运作方式，如果没有对企业的历史和现状有足够的了解，未来的计划可能会不适合企业。

我们很容易假定，不需要投入精力就能完全了解当前企业，但这是错误的。很少有人能了解企业中所有的相关联系和关系。企业作为一个活生生的系统，始终在变化，架构师需要了解有关它的最新知识。

有时企业的变革是有意为之，例如，作为有针对性的改进计划或产品线计划变更的结果。变革需求也可能突然出现，必须加以处理。例如，突如其来的经济衰退导致的计划外但必要的裁员。这种紧急情况对架构团队施加了压力，要求团队迅速找到解决方案。不管情况如何，架构师都必须花时间获取企业当前的状况。退一步，调查企业的现状是值得投入时间和精力的。

在架构设计流程中的这一阶段，团队已经开始通过调查企业内部环境和外部环境（其生态系统）来努力了解当前状态。正如我们在第 4 章讨论的那样，利益相关者分析已经完成。在了解这些的基础上，我们转向八个视角要素。在有效构建未来愿景之前，必须正确调查并获取现有架构，以揭示企业当前的整体图景。

企业要素作为透镜

企业要素作为有用的透镜，有助于我们构建整个企业的全景图。[1] 我们的研究表明，在设计特定未来架构时，有些要素比其他要素更重要，尽管所有要素对整个企业都很重要。在设计新架构时，我们建议按照特定顺序使用这些要素（我们将在第 8 章讨论这一点）。然而，当使用这些要素描述当前架构时，我们发现特定顺序并不必要。[2] 事实上，多次螺旋式地使用这些要素是有帮助的。使用这些要素所提供的独特视角的关键原因在于使整个企业的任务变得可见。

这些要素需要单独描述，但架构团队也需要发现要素之间的相互关系，以及应该存在但尚未存在的关系。所有这些信息将为未来的架构提供参考。

在第 2 章介绍的企业要素模型提供了一个有用的描述工具，用于获取当前架构，同时也构建了与企业利益相关者对话的框架，以探索当前企业的不同方面。该模型包含了各种要素，可以用来构建一个便于向赞助商和其他审阅者传达的企业“全景图”。我们所指的是使用企业要素来讲述故事的生动架构描述。让我们来看一个最近架构案例中的一些示例的描述。

Solar Solutions 案例

Solar Solutions（太阳能解决方案）是一家位于美国东北部地区的能源行业成长型公司。公司开发并维护太阳能相关产品。表 5.1 为 Solar Solutions 的每个企业要素提供了简单的描述性陈述。

如表 5.1 所示，该公司正面和负面的特征都被列举出来。我们在表中仅展示了每个要素的一个描述符，而该架构设计团队将为每个要素详细制定多个描述符。使用要素剖析详细说明的每个要素，可以丰富对当前企业的描述。

如该案例所示，所有要素都对了解企业有贡献，但它们在特定的转型项目中可能并不都同等重要。生态系统和利益相关者要素几乎总是非常重要。我们的经验是，对剩余的八个要素根据转型项目的重要性分为几个层次。简单来说，这些要素可以被认为是非常重要、中等重要或不太重要的。对所有八个视角要素进行排名可能具有挑战性，但与

表5.1

Solar Solutions 选定要素示例

企业要素	Solar Solutions 企业的示例
生态系统	Solar Solutions 目前在其区域内是市场领导者，但最近出现了几个新竞争者可能会夺取市场份额
利益相关者	供应商是提供安装服务的重要合作伙伴，但Solar Solutions目前没有衡量客户对该服务的满意度
战略	Solar Solutions 打算在未来两年内实现全球扩张，但尚未调查目标市场
信息	营销部门收集了消费者对产品改进的需求信息，但产品经理并不总是能及时收到这些信息
基础设施	Solar Solutions 的信息技术系统不能很好地协同工作，但各职能领域似乎都有所需的资源
产品	Solar Solutions 的产品系列基于两个产品平台，每个平台都有多个变体，以满足市场上多样化的需求
服务	客户服务似乎独立于产品开发运作，导致问题报告中的沟通延迟
流程	Solar Solutions 拥有五个相对成熟和有效的核心业务流程，但缺乏整合，造成了一些效率低下和重复工作
组织	开发产品组件的团队之间的组织边界往往是有效协作的障碍
知识	Solar Solutions 的大量知识产权只能通过高级领导层管理者访问

关键利益相关者的讨论可能会揭示哪些要素在企业的变革过程中最能驱动利益相关者的价值。但仍需要指出的是，在现有企业中代表主要驱动力的一个或多个要素可能并不是未来最重要的要素。

企业要素剖析

我们的研究提出了一种从“部分”角度更深入地观察八个视角要素的方法。我们称之为要素剖析。剖析的价值在于为设计师提供一种“揭开盖子看”的模式。要素剖析的五个部分是结构、行为、文档资料或工件、衡量标准和周期性。这些信息可以通过与利益相关者的讨论揭示出来。文档资料或工件是企业特征的“有形证据”。例如，企业制作的年度报告是一种文档资料，可以从中找到丰富的信息。流程文档库和流程图是与流程相关的文档资料的明显案例。当被要求描述企业时，许多企业展示的文档资料是正式的组织结构图。

我们的研究表明，要素剖析可以揭示由企业类型驱动的独特信息。绩效量化对任何企业都很重要，大多数企业通常都有为此目的设置的衡量标准，不论是显性的还是隐性的（这虽未明说但普遍被大家接受和了解）。实际的衡量标准，以及这些标准是否能有效促进预期结果的实现，都存在很大差异。市场份额是商业企业的重要衡量标准，但对公立机构则不是。利润标准对营利性企业是显性标准，但对公共机构则不是。对于监管严格的行业，遵守监管限制是与产品和服务要素相关的显性衡量标准。不同行业的监管环境变化可能频繁或缓慢。

表 5.2 描述了一家大型商业软件产品企业的组织要素剖析。通过每种要素及其剖析部分来观察企业可以获得更深刻的见解。该企业按照主要业务职能（结构）进行配置，并在这些职能区域的领导层设定的基调（行为）下，展现出高度的协作性。在此调查中，我们描述了七个管理层级（衡量标准），这也通过正式的组织结构图（文档资料或工件）得到了证实。进一步调查后，我们发现大多数决策都是快速作出的，但通常需要超过四周的时间才能批准软件变更请求（周期性）。通过其剖析特征来描述要素可以增强了解。这些信息可用于编写描述性的企业情景片段，以描述当前的企业状况。

表5.2

要素剖析与选定示例

要素	**描述**	**示例**
结构	配置特征	组织要素结构可以是功能型、矩阵型、扁平型或层级型
行为	对某些条件或触发因素的响应	过程的可重复性可以作为标准化过程的结果体现要素行为
文档资料或工件	有形证据	战略要素文档资料或工件可以包括年度报告、技术路线图和战略计划
衡量标准	定量信息	知识要素的衡量标准可以是提交的所有专利中已授予专利的百分比
周期性	循环周期，涉及速度和频率	战略要素的周期性可以是战略规划周期间隔（如每年或每五年）

评估要素重要性和相互关系

在早期的调查中，架构团队可以探讨每个视角要素在未来是否可能变得更为重要或不那么重要。例如，一家拥有成熟业务流程和稳定员工队伍的企业可能以流程要素为主导，但其未来架构可能需要更多地关注其他要素。重大人员变动或高流失率可能会使知识要素在未来架构中处于更高的优先地位，因为需要对大部分新手进行培训，以使其了解并执行标准流程。换句话说，企业可能拥有世界上最好的流程，但如果执行这些流程的知识正在流失，企业可能面临失败的风险。在企业的未来架构中，知识要素可能需要获得最多的关注。在现在与未来之间来回切换是团队需要思考的重要组成部分。

如同前文对要素的讨论所暗示的那样，对当前架构的描述需要确定各要素之间的相互关系。当然，在某种程度上，所有要素之间可能都有关系。[3] 在此，架构团队的一项重要任务是揭示关键要素的关系和依赖性。这些关系和依赖性并不总是显而易见的，团队可能需要进行一些调查和深入思考。简言之，最明显的要素之间的关系并不总是最重要的。

了解驱动因素与影响

变革的战略要务（如第 3 章所讨论的），无论过去还是现在，对于了解当今企业的现状都至关重要。架构团队需要了解企业面临的主要问题和不确定性。通常，除了高级领导层向架构团队明确表示的战略要务和目标之外，也可以通过企业生成的文件以及其他关于企业的文献找到答案。年度报告显示了事实和数据，同时也揭示了愿景和远大目标。市场调查数据可能揭示成功与不足之处。内部调查可以提供大量关于企业文化的信息，展示的运作良好的方面以及问题所在。

企业网站也可能是值得研究的对象。网站通常能透露关于企业文化和集体思维的很多信息。团队可以在这里找到一些很好的软性指标。它是否揭示了主导要素？它是否展示了企业的关键能力（如敏捷性、可持续性等）？它是否展现了关心员工、环境和 / 或股东的文化？通过研究企业选择通过其网络形象，以及年度报告等其他文档资料或工件向世界展示的面貌，可以获得独特的见解。

当然，直接的客户反馈以及与利益相关者的访谈也提供了真知灼见。利益相关者对当前状况的意见的价值不可低估。试想如何向相关的利益相关者询问他们认为自己在多大程度上获得了决策权和资源以推动组织变革，然后，设想如何修改架构，以便在需要但目前缺乏的地方提供权力和资源。

还可以通过二手资料探索企业在其运营环境中的影响。媒体报道可能揭示企业的表现，或其他人如何看待企业与类似企业的关系。可能有关于最近行动的证据，如裁员、快速招聘或获得关键行业奖项。企业对其竞争对手的影响也可能在讨论市场份额的媒体或行业报告中显而易见。观察趋势是另一种潜在的洞察力来源，例如，企业可能在过去几年中获得或失去了市场份额。

清晰描述当前架构可以揭示未来架构可能需要填补的“差距”。事实上，特定的差距分析是获取当前架构的一部分。我们的研究表明，一些缺陷包括绩效衡量与战略目标的不一致，某些要素之间关系的薄弱，或者未能提供企业利益相关者所需的价值。

当前的企业可能存在各种设计缺陷。例如，设计不良的员工激励计划可能导致人员的高流失率。缺乏具有竞争力的健康福利可能减少潜在新员工的流入。无数企业可能在某个时刻发现，招聘冻结影响了对关键技能的需求。同时，战略变化导致过剩，例如拥有技能过时的员工或过多的中层管理人员。过于受限或目光短浅的研发计划可能限制创新，导致产品因世界的变化而过时。

架构团队还需要进一步探讨企业能力（见第 3 章）。了解当前企业能力及其对利益相关者的价值，有助于了解如何加强这些能力，或选择不同的方向。例如，正在发展的企业可能缺乏劳动力可扩展性，即随着市场需求的变化增加或缩减劳动力的能力。如果劳动力可扩展性被认为是重要的，那么创建一个能够有效适应外包和 / 或使用临时员工的架构可能是未来需要考虑的。

获取团队发现的信息可以采用多种形式。使用图形特别有助于描绘要素之间的关系。描述相关“软性因素”如文化、信任、开放性和忠诚度的当前特征也非常重要。如果这些正面的软性因素和有效的实践与未来企业目标相一致，那么它们可能应该保留在新架构中。未来架构可能需要针对不理想的软性因素进行改进，并提升低效的实践。

这项调查对于了解企业的当前状况以及其如何走到这一步都是必不可少的。组织是如何成长的？企业重视什么？它的成功和失败是什么？探讨企业的历史，可以了解在设想的未来架构中什么才能提供宝贵的见解。团队需要对当前企业进行全面评估，了解需要改变的部分，以及同样重要的需要保留的部分。

使用SWOT分析

在整理当前状态调查结果时，一种简单而有效的方法是使用 SWOT 分析或类似工具。SWOT 是一个著名的商业框架，SWOT 代表优势（strength）、劣势（weakness）、机会（opportunity）和威胁（threat）。SWOT 分析涉及识别有利或不利于实现特定目标的内部和外部因素。在 SWOT 术语中，以及我们在企业评估中使用该术语时，优势指的是赋予企业相对于其他企业的优势，或使其能够实现挑战性目标和战略目标的特征。优势可以是在客户中的良好声誉，也可以是进入分销网络的有利渠道，还可以是专利和专有技术等。对于非营利企业，优势可能是该企业与慷慨慈善家建立的关系，他们的捐赠使该企业能够实现其使命。对于政府机构，优势可能是其吸引顶尖人才的能力，尽管企业提供的薪资低于私营部门。

劣势是使企业相对于其他企业处于不利地位，或者是企业未能实现其战略目标的根本原因。它可能是优势的反面，例如，拥有大量员工并且他们对企业所在的行业有深刻的了解，由于维持庞大员工队伍的成本，这种优势可能转化为劣势。其他劣势包括在客户中名声不佳，缺乏分销渠道，品牌知名度低等。慈善组织的劣势可能是缺乏运营所需的信息技术的基础设施。政府机构的劣势可能是无效的领导继任计划流程，导致关键决策延迟。

机会和威胁都是一种外向型视角。机会是企业在更广泛环境中取得成功的外部机会。例如，一项新的技术可能即将问世，而企业已经找到了一种利用该技术获取利润和增长的方法。受邀成为新兴经济体的第一个供应商可能是一个机会（尽管其中也可能存在一些陷阱）。市场中未满足的需求几乎总是代表机会。

最后，威胁是生态系统中可能给企业带来麻烦的因素。如果消费者不再需要企业生产的产品，因为有新的颠覆性技术提供了更好且更便宜的选择，这当然可能威胁到企业的生存。新政策、法规和贸易壁垒也是影响商业、政府和非营利企业的威胁类型。

SWOT 分析：一个示范案例

将视角要素作为透镜可以丰富 SWOT 分析，如星巴克公司的一个简化示例所示。[4] 这个非常成功的企业是一个很好的例子，因为从其要素角度来看，许多优势、劣势、机会和威胁对于读者来说都是熟悉的。

产品要素的考虑。对于星巴克来说，产品要素与战略、服务和流程要素有很强的关联性。星巴克提供一系列产品，并且员工在提供这些产品方面有很高的参与度。产品的交付与企业的可持续发展计划一致。星巴克致力于确保质量、一致性、体验、信任和忠诚度，这些都是其服务要素的组成部分。质量和一致性依赖于流程（流程要素的一部分）。

对星巴克产品要素进行快速 SWOT 分析后得出了以下结论。优势包括可扩展性、客户访问和灵活性。劣势包括星巴克咖啡的消费者成本（与一些其他咖啡馆相比）。机会包括不断增长的客户定制需求，与其他公司合作开发产品的可能性，以及可能吸引星巴克高端细分市场的未来产品。最后，威胁涉及在市场竞争加剧的情况下产品的独特性受到质疑。星巴克通过多种方式提升客户体验，例如提供配置了舒适座位和免费无线服务的有吸引力的商店。进入杂货店和售货亭虽然提升了产品销售量，但可能会影响公司作为高端服务提供者的形象。可持续地进行品牌推广本身就蕴含着机会，因为消费者越来越注重环保。竞争对手数量的增加和竞争对手进入市场的低门槛，例如麦当劳的麦咖啡（McCafe），[5] 可能是威胁。服务要素与战略相关，因为服务是战略的执行；也与流程相关，因为服务是通过流程执行的；还与产品相关，因为在星巴克，产品和服务紧密结合。

在获取当前企业状况时，SWOT 分析为未来愿景提供信息，并在以后用于激发生成架构概念的想法（见第 7 章）。

医疗诊所案例

我们研究的企业之一是一家为小社区提供健康和保健服务的医疗诊所。架构团队调查了其环境，进行了利益相关者分析，并通过各个要素的视角获取了当前企业的信息。获取信息的主要方法是对内部和外部的利益相关者进行二十五次详细访谈。这些访谈使用标准访谈表进行，但允许利益相关者对任何问题进行详细阐述。每次访谈大约持续一个小时。各位领导者还向架构团队提供了额外的信息来源。团队还通过查看诊所的网站、组织结构图、外部审计评分、财务信息和年度报告等方式获取了信息。以下是该团队获取到的诊所当前状况的简要总结。

战略

在过去的十二个月中，这家医疗诊所的战略得到了领导层越来越多的重视。2011 年底，诊所启动了一个新的战略规划，成立了一个架构团队。通过诊所最新的年度报告，确定了五个战略目标：①获得医疗服务；②临床质量；③社区健康；④管理医疗成本；⑤多样性和包容性。

架构师完成了 SWOT 分析，并制定了诊所未来必须应对的四种情景，它们代表了团队分析中的四个重点领域。这些重点领域包括获得医疗服务、临床质量和卓越性、社区健康和人口健康，以及扩展性。从团队的调查结果来看，该战略在医疗诊所的架构中并不占主导地位，但该组织意识到强有力的战略的重要性。

基础设施

这家医疗诊所有两个网点：一个为主要中心，位于它所服务城市的城区，另一个为次要中心，位于该城市附近的一个郊区。主要中心为所有符合条件的成员提供全面的医疗服务。次要中心为在该地区居住或工作的社区成员提供初级护理、儿科、实验室、放射科和支持服务。两个中心都包含类似的信息技术和通信技术，但对可用的最先进资源的利用率相对较低。

我们在分析过程中发现，尽管物理设施与企业的当前战略一致，但信息技术和通信技术却被应用在存在效率低下的企业流程和程序中。这些技术支持的流程不仅不理想，而且没有充分利用企业现有的信息访问渠道或先进的通信和信息技术。

流程

现有诊所的流程要素非常强大。由于诊所的医疗设施的性质，流程对架构具有控制作用。通过询问利益相关者，了解企业中各种流程的重要性以及可以改进的流程。由此所得的数据使团队能够决定将流程改进措施的重点放在哪里。

在评估一致性（我们将在本章后面讨论）时，我们发现，虽然流程是一个主导要素，但它们与组织的重要指标没有得到很好的跟踪。

产品

这家医疗诊所是一个服务提供商。架构团队将诊所提供的健康计划视为其主要产品。两个健康计划如下。

· 基础健康计划：该计划包括医疗计划和扩展保险计划，符合“州对综合健康保险的要求”。

· 高级健康计划：该计划包括基础健康计划，并增加了健康和替代医学护理以及视力护理的服务内容。

总而言之，这两个健康计划产品为社区提供了选择，同时仍然可由企业管理。目前，健康计划产品供应没有出现重大问题。

服务

无论计划如何，这家医疗诊所都为包括成人、儿童和其他受抚养人在内的广泛客户提供服务。诊所努力提供一致的护理，或每年提升现有的护理标准和质量。主要提供的服务包括社区健康、牙科护理、心理健康服务、视力护理和客户服务支持热线。考虑到所有这些服务，关键方面是客户服务水平，这些年来一直保持稳定。然而，领导层希望追求更高的客户满意度标准，目前通过直接反馈进行跟踪。

知识

与任何医疗企业一样，知识是一个非常重要的要素。为社区提供的护理的强度和质量与整体临床工作人员——包括医生、护士、执业护士、医疗助理和实验室技术人员——的质量直接相关。这需要广泛的培训和认证系统，以确保拥有足够的知识来运营医疗企业并保留其认证资格。

虽然在组织内拥有所需的知识很重要，但同样重要的是确保其得到适当的使用。在利益相关者调查中，“护理管理和应用标准”的生命周期流程是重要的流程之一，并且是需要改进的流程之一。为避免与类似的法律术语混淆，该流程名称改为“一致的护理流程”。通过知识视角，团队调查了知识进入企业、合成和发布的方式，并确定了哪些是重要且值得进一步分析的。因此，我们进行了集中研究，以更好地了解在这一领域中表现出的利益相关者问题。

组织

企业的组织结构图显示，医疗总监位于两张结构图的顶部，在临床监督工作中由副医疗总监协助。从那里开始，每个临床领域都有自己的子组织。这些领域包括牙科、儿科、护理和心理健康等。财务主管也向医疗主任汇报工作。在行政方面，执行董事负责监督信息系统、人力资源和运营。

评估企业的一致性

在获取当前企业信息的最后一步中，架构团队需要对一致性进行评估。我们发现一种名为 X 矩阵的方法在这个方面非常有效。[6] X 矩阵可用于寻找企业的战略目标、绩效指标、利益相关者价值和企业流程之间的强弱一致性关系。

关键是战略目标要能代表关键利益相关者的价值，并且这些价值要在企业流程中得以体现。此外，企业的绩效指标必须设计为既能评估战略目标的绩效，又能衡量流程本身。X 矩阵允许架构团队评估这些领域之间是否存在强（深色框）、弱（浅色框）或无（空白框）关系。矩阵中的每个框不需要全部填满。而架构团队的任务是考虑哪些地方存在需要加强的弱关系，或者哪些地方缺少必要的关系。任何识别出的不一致区域，都为未来的架构设计提供了重点考虑的机会。

以上文描述的为小社区提供健康和保健服务的医疗诊所为例，在调查企业的现状时，X 矩阵（图 5.1）直观地显示出当前指标与战略目标之一“管理医疗成本”之间的不一致情况，这一目标仅与一个单一指标存在弱关系。此外，还可以看到一些主要流程没有与指标建立任何联系（见图 5.1 的左下象限）。这种方法的优势在于为团队提供了一个全局视角，使系统地检查各种关系成为可能。

我们的研究表明，战略目标、指标、流程和利益相关者价值的一致性对企业整体绩效至关重要。在上述案例中，架构团队的一个明确任务是解决当前架构中缺乏指标的问题。

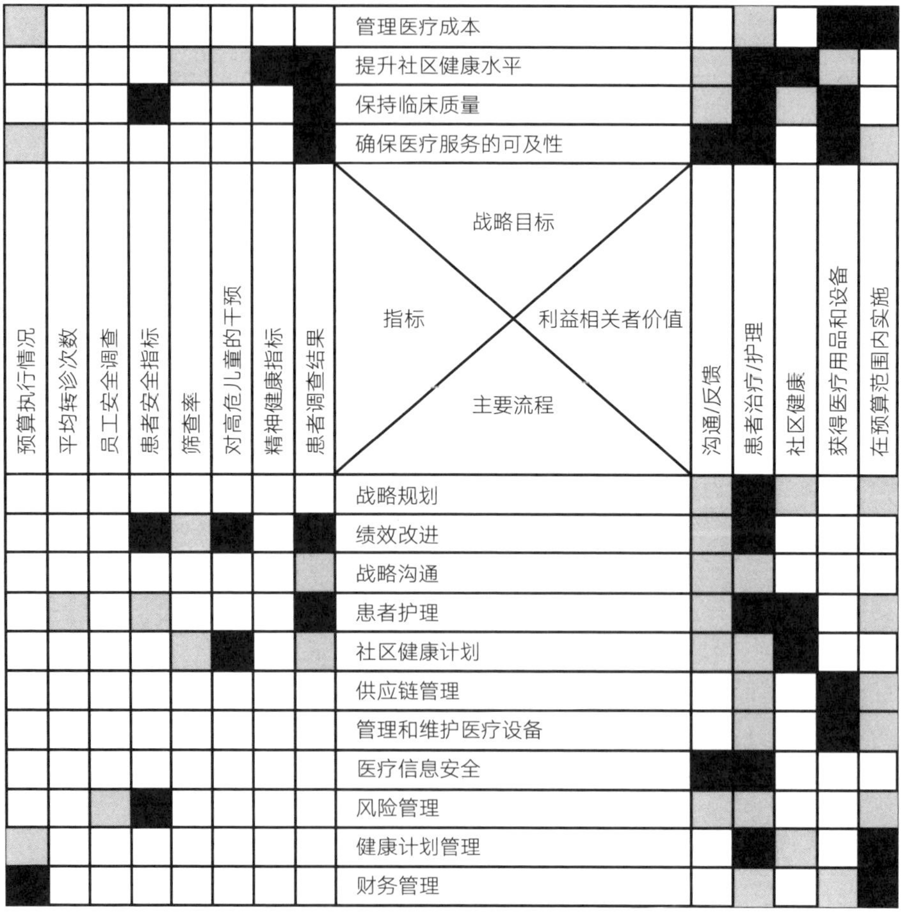

管理医疗成本
提升社区健康水平
保持临床质量
确保医疗服务的可及性

战略目标
指标
利益相关者价值
主要流程

预算执行情况
平均转诊次数
员工安全调查
患者安全指标
筛查率
对高危儿童的干预
精神健康指标
患者调查结果

沟通/反馈
患者治疗/护理
社区健康
获得医疗用品和设备
在预算范围内实施

战略规划
绩效改进
战略沟通
患者护理
社区健康计划
供应链管理
管理和维护医疗设备
医疗信息安全
风险管理
健康计划管理
财务管理

图5.1 医疗诊所的当前架构X矩阵

我们将在第 9 章中重新审视 X 矩阵，以评估未来架构的一致性情况，并确认在必要时已经解决了一致性问题。架构团队必须始终关注企业的不一致问题。

准备设想未来企业

了解一个企业涉及应对一个“移动的目标”，因此在理论上，现状分析可能会无限期地进行。而实际上，如我们之前讨论的，团队会为现有企业的调查确定一个停止点。这个停止点可以是对各个方面的知识达成一致并认为已经足够的时间点，或者仅仅是一个特定日期。更常见的是，尽管最初的意图是前者，但最终结果往往是后者。企业领导层和架构团队需要认识到，对当前企业的调查将是在信息不完整的情况下进行的。在这次分析中值得注意的是存在最大不确定性和差距的领域。这将有助于团队在后续阶段识别实施计划中的任何潜在风险。此外，这种方法可能会告知团队在后续的架构工作中是否需要对当前企业状态进行补充调查。

明智的做法是举行一个正式的审查活动，以确定是否有足够的信息进行下一步活动，即设想未来企业。审查还有助于让所有人都站在同一个起跑线上，对当前架构有共同的了解，并达成共识，即必须接受信息不完整所固有的某些风险。通过此次审查，可以确保假设和理由被记录下来，并确保团队看到进行到 ARIES 流程下一步的明确路径——创建未来的整体愿景。

获取当前架构

应用于您自己企业的练习：

- 描述表 5.1 中显示的每个视角要素的当前状态，并确定其相对重要性。
- 对您的企业进行 SWOT 分析。
- 制作表 5.2 所示的每个视角要素的详细剖析图。
- 可以考虑使用图形或草图描述视角之间的相互关系。

需要考虑的问题：

- 是否从十个要素中的每个要素的视角对现有架构进行了调查？是否从每个利益相关者的视角进行了调查？
- 哪八个视角要素在您的企业中最重要？哪些要素看起来最相关？您如何评估这些关系的重要性？
- 您企业中的哪些视角要素和要素关系可能随着时间的推移变得更重要或不那么重要？
- 团队是否检查了战略目标、指标、流程和利益相关者价值的一致性情况？

第6章　创建未来的整体愿景

愿景是有计划的梦想。　　　　——克莱·玛蒂尔德（Clay Mathilde）

阐明未来变革取决于对当前企业的清晰了解。领导层希望将企业带往何方，包括任何商业战略的转变，都为未来的愿景奠定了基础。关于企业环境的最佳可用信息，包括生态系统中即将发生或预期的变化，将影响构建一个现实且可实现的未来愿景。一个非常重要的问题是，这个企业转型的时间象限是什么。很可能，这些信息在一开始就已经提供给架构团队，但在开始这一活动之前，值得与领导层再次确认。在此期间，可能发生了一些变化（如经济因素、竞争压力等），而且这些变化将可能影响转型完成的时间跨度。

时间象限

转型的时间象限会影响企业为实现愿景所采取的战略选择。这些战略可能会对转型计划加以约束。例如，设想一家转型期为五年、专注于发展战略转型的企业，需要在十八个月内完成三次重大收购。考虑到收购所需的投资，一个现实的未来愿景可能会推迟其他成本较高的计划，如基础设施的更换，直到五年转型期的后期。

时间象限还可能引入与企业性质、转型紧迫性、机会窗口及其他诸多因素相关的不确定性。例如，医疗服务提供商可能对未来五年内利益相关者所需的服务有很好的把握。而在个人技术设备这一快速变化的市场中，企业则更可能选择两年的时间跨度。对于这些企业来说，其他更长的时间跨度可能是不合理的，因为随着时间的推移，在这个充满快速且颠覆性创新的行业中，了解利益相关者想要什么变得越来越不确定。

时间总影响着什么是可能的、什么是不可能的。对于一家大型的成熟企业而言，两年（甚至更长）的时间跨度可能是进行重大组织转型的合理时间框架，因为推动一家大型企业转型需要时间。而一家小型初创企业，可能每六到十二个月就能进行一次转型。架构团队在创建愿景时需要考虑企业的成熟度和规模。成熟企业通常有已建立的政策和流程，相较于新企业，这些政策和流程需要更长的时间来改变。类似地，因为转型涉及的人数较少，小企业通常比大企业行动更快。未来愿景必须既具有“前瞻性”，又具有一定的现实基础。

环境因素（如经济、政治、监管、市场、可用技术、人口统计等）在创建愿景时起着重要作用。团队需要尽可能了解在转型时间内是否会遇到新的因素和影响。例如，如果预计环境问题对利益相关者会变得越来越重要，那么明智的做法是在整体愿景中反映这一点。

创建未来的整体愿景需要从多个角度进行思考。在这里，企业视角要素及其之间的相互作用为多维度愿景的视角提供了详细的阐述。例如，如果你致力于创建一个“更环保”的企业，不仅要考虑它与产品的关系，还要考虑它与其他要素的关系。你将如何把环保理念传递给供应商？为培养注重环保的员工队伍需要做什么？是否需要新的组织角色？为生产环保的产品哪些政策需要改变？制造环保的产品需要更长的时间吗？

在调查当前企业时，回顾一下我们的架构团队已经识别出的重要企业能力（如可扩展性、敏捷性）。现在团队需要问的是，企业目前具备的哪些能力在未来企业中将变得更重要或不太重要。一个初创公司可能会将其早期的成功和增长归因于敏捷性。当该公司逐渐成熟，且可能计划在未来实现全球扩张时，可复制性的重要性可能会超越敏捷性的重要性。快速增长将变得不那么重要，取而代之的是确保新业务单元的商业实践、政策和产品与现有单元保持一致的增长方式。

获取未来愿景

显然，创建未来整体愿景的过程并不像将愿景陈述写在纸上那样简单。在创建一个丰富的转型愿景时，必须权衡和考虑各种因素。时间象限、企业文化、生态系统因素和企业能力都是必须考虑的因素。此外，未来的愿景应与企业的使命和目的保持一致。将各种考虑因素整合成简洁的陈述是阐明愿景的第一步。它或许看起来像这样：

> *我们对社会和环境问题的承诺体现在我们开展业务的五大洲 28 个国家中，旨在传达我们的可持续发展愿景，始终重视当地文化与合作氛围，并从中吸取新的经验。*

你刚刚读到的内容描绘了最高层次的愿景。它描述了企业在未来某个时间点的状态，并且是企业架构工作所要实现的总体目标。这就是企业所期待的其利益相关者在其转型后对它的看法。

每一家企业的架构设计工作都需要对企业未来的发展方向有一个清晰的愿景。这个愿景必须反映出最初激励架构设计工作的战略目标。通常，愿景首先会以完整的陈述形式提出，然后再通过添加细节进行阐述。请参考以下这家小型机场承包商管理高科技电子系统的企业所使用的陈述：

> *我们通过标准化和灵活的流程、能力需求管理和整体企业思维，有效平衡资源和工作负载，从而创造价值。*

这个陈述确实引人入胜，但如果不加以阐述，它就太抽象了。领导层将在未来的顶层愿景中发挥重要作用，但团队需要完成进一步细化的基础工作。这一过程将通过层层细节的充实，尽可能具体地描述未来的企业实际将会做什么。在此基础上，架构设计团队为设想的未来创建了下一个层次的细节，增加了更多的清晰度和定义。它也应提供一个明晰的图景，以激励转型并推动未来行动。例如：

- 人力资源核算准确透明，可以使决策者深入了解人员分配和授权情况；
- 项目状态实时可用，使资源管理者能够更有效地进行规划并预测需求的动态变化；
- 资源管理流程在企业的各职能领域内保持一致且有归档记录，并得到了企业各级主管和高级管理人员的支持；
- 项目资源可完全追溯至主计划，资源负载与生命周期阶段相匹配；
- 资源需求优先级的确定是数据驱动的，并结合了项目优先级、生命周期阶段、项目影响和投资组合影响；

- 一旦相关业务部门主管批准，新员工的招聘需在四周左右内完成。

这些细节为未来愿景提供了更清晰的图景。理想情况下，这些陈述代表了多个企业利益相关者和主要利益群体的观点。不过，它们仍然显得非常被动。

未来的故事

让未来愿景生动起来的另一种方法是使用叙事技巧。通常，第一次尝试制作的愿景会显得“枯燥”，然而它需要激励人们。创造一个鼓舞人心的未来愿景是完全可能的。以若干年后报纸文章的形式报道转型结果是一种有效的方式，如下所示。

> 智慧城市不再是梦想
>
> 2019 年 10 月 24 日讯，在过去五年里，通过罗莎服务公司（Rosa Services）设计和领导的转型，城市管理模式发生了彻底改变。垃圾收集、街道清洁、能效和公共照明等公共服务现已以更有效且高效的方式提供，使得市民有机会通过参与众包活动以及城市智能平台来参与提供服务。罗莎服务公司可能是该领域最成功的个案。该公司开发了一个框架，通过其产出和为市民带来的可衡量的利益来评估其绩效。服务的整合节省了超过 15% 的成本，提高了服务交付的灵活性。其开放的生态系统以及与前沿学术机构的合作为城市带来了开放创新的机会。感谢罗莎服务公司，我们现在可以说智慧城市不仅仅是一个梦想，还是一个现实。（国家新闻）

想象在时间象限结束时对转型的影响，是激励各方认同的好方法。这篇新闻报道面向企业所有的利益相关者，包括一般公众。另一种技巧是讲述个人影响的故事。这些不仅可以有力地促使利益相关者接受，还可以提供一种测试该愿景是否能为利益相关者带来价值的方法。我们将这种个人故事称为“情景片段”。

创造生动的情景片段

我们发现，构建一些情景片段来描绘未来愿景如何实现，即企业成为现实后的样子，可以成为在个人层面分享未来愿景的有力工具。情景片段通过展示利益相关者如何为转型战略作出贡献以及从中受益，有助于将转型人性化。情景片段可以只涉及单个利益相关者，但如果能为一组关键利益相关者制定，它可能更具影响力，因为我们可以通过这些成员的视角看到转型的影响。现在，我们来看一个案例。

在其成立的前五十年里，WP 指导公司（WPGC）制造了高度专业化的小型商用飞机导航系统。[1] 然后，在 2005 年，该公司抓住军事飞行导航系统市场的机会，进行了重大转型。其目标是成为最先进的飞行导航系统——这些系统基于 WPGC 工程师发明的一套独特算法，并将这种领导地位延伸到大型商用飞机市场。WPGC 的架构团队创建了几个情景片段，描述了公司在 2010 年左右完成转型后的样子。

第一个情景片段通过客户的视角描述了设想中的转型后企业。

今天，WPGC 在波音、空客和军事领域的客户完全相信我们的导航系统为他们提供了所需的全部操作能力，以确保他们的飞机获得最佳性能。我们的客户始终按时收到他们的设备，且这些设备完全按照他们的要求制造。系统易于飞行员学习和操作，维护时间和成本远低于其他导航系统的行业标准。无论是用于空中的军事行动，还是运输乘客和货物，配备 WPGC 系统的飞机在竞争中都具有决定性的优势。WPGC 是如何做到这一点的？与我们合作超过十年的所有客户都会告诉你，与 WPGC 打交道是一种全新的体验。现在已经没有任何部门孤岛，以前那些妨碍创新的组织边界已经消失。WPGC 企业的每个部门都出现了明显的变化，客户都注意到时间周期缩短，培训时间更少，成本大幅降低，系统从一开始就能正常运作了。

第二个情景片段来自 WPGC 领导层的视角。想象一下，首席执行官（CEO）在股东大会上发表演讲，报告公司的转型。

今天，WPGC 在整个行业中因其在军事和商业领域的领导力而受到认可。事实上，WPGC 的领导力培养已经成为商业媒体讨论的一个话题。公司因其对企业内部职业分配、管理培训和工作分组的细致关注而越来越受到赞誉。《华尔街日报》最近的一篇文章突出报道了 WPGC 在公司如何将绩效指标与整体企业目标保持一致的评估。

《财富》杂志的一名记者报道 WPGC 与竞争对手相比的快速崛起，特别提到了她所称的“WPGC 的人才库管理方法”。这种方法极大提高了公司在整个企业中培养领导者的能力。“WPGC 似乎在将工作层级与责任和职位层级保持一致方面取得了巨大进展，”她写道，“来这里工作的人不仅知道该做什么，而且清楚地知道自己在公司中的前进方向。”

当你按照《财富》杂志所描述的方式做事时，获得巨大的收益是轻而易举的。今天 WPGC 的领导者具有前瞻性，拥有长远的企业眼光，并有巨大的动力去做对 WPGC 最有利的事情。

在第三个情景片段中，我们通过负责企业流程和实践的执行官的视角想象未来的企业。

我们通过实施由简化和标准化流程支持的一体化商业模式，实现了我们的目标。这使 WPGC 员工、WPGC 领导层和其他主要利益相关者能够及时、准确地获取可用的产品和信息。这使得快速了解、评估和指导企业成为可能，创造了一种曾经只能想象的生命周期管理水平。开发和支持成本降低了 35%。上市时间缩短了三分之二。成功已成为常态。

在第四个情景片段中，我们从首席信息官的角度了解更多的企业内部情况。

过去，WPGC 员工需要几周时间才能获得完成工作所需的一些信息。如今，信息在整个企业内流动只需几小时，甚至是瞬时完成。纸质文件几乎不存在，电子数据传输已成为常态。所有的流程都无缝地并行运行着。这得益于旧的孤岛结构的重组和兼容交换标准的开发，我们曾经遇到的信息闭塞和低效问题已成为遥远的、糟糕的记忆。现在，实用的信息在行政、工程和制造部门之间，以及客户和供应商之间顺畅流动。信息的不兼容和延迟问题已经不复存在。

显然，这些情景片段比简单列举转型后企业预期结果的项目符号清单更能讲述一个引人入胜的故事。但请记住，当你阅读这些内容时，这些情景片段都还未真正发生。问题在于“这些故事如何成为现实？”我们的经验是，这种方法丰富了创建愿景活动中的思考，并且通过使用这些情景片段作为沟通工具，激励领导层和员工参与转型的效果更为显著。

基于利益相关者的情景片段

让我们通过利益相关者的视角，再看一个使用情景片段阐述未来状态的例子。这次是针对退休人员的医护系统（我们在第 4 章讨论的案例），解决一年内在多个地理区域生活的退休人员的医护问题。在最高层面上，愿景可以表述为“旅行中的退休人员无论在地图上的哪个地方，都能从医护系统中获得高质量、及时的医护服务”。

虽然这种简单的表述揭示了未来的本质，但这只是个开始。接下来，架构设计团队着手更全面地描述企业在大约五年后的样貌。

五年后，转诊病例经理成为企业的核心。他们为离开家远离医护提供者的退休人员提供医护协调，并与其他主要利益相关者群体（特别是初级保健提供者和初级保健经理）密切合作。所有相关群体的利益相关者都积极参与提出流程改进建议，并帮助这些改进流程的实施。开展积极的培训教育活动，使更多人了解为出行退休人员提供医护服务的综合性质。

接下来，架构设计团队创建了一个情景片段，从医护接受者的角度描述这一切是如何运作的。在当前的企业中，出行中的客户在其家乡区域之外接受医护服务是一件很艰难的事。区域医护系统之间连接不畅，获取治疗授权通常令人困惑。患者在家乡区域之外的保险索赔可能需要数月才能解决。想象一下，在以下情景片段所描述的未来愿景中，客户会有多高兴。

斯蒂芬·布鲁克斯（Stephen Brooks）是一位67岁的退休人员，居住在马萨诸塞州的波士顿。他去年接受了皮肤癌的治疗，虽然癌症已经缓解，但他需要持续的协调护理。在波士顿时，他在我们的东北区域医护提供者网络（NeNet）中由一位医生进行治疗，但他是一只“候鸟”，每年有五个月时间在佛罗里达州度过，而佛罗里达州在地理上属于东南地区医护提供者网络（SeNet）。

布鲁克斯先生的病例由东北区域医护提供者网络和东南地区医护提供者网络的转诊病例经理共同协调，并且他在佛罗里达期间被分配给东南地区医护提供者网络的一位流动医护提供者（TCP）。由东北区域医护提供者网络所负责的他的医疗记录在东南地区医护提供者网络内完全可见。他在东北区域医护提供者网络的初级保健提供者会自动无缝地将医护计划信息传送给两个区域医护经理和流动医护提供者。

在布鲁克斯先生每年到达佛罗里达之前，他已经预约好了东南地区医护提供者网络的流动医护提供者。在约定的那一天，他只需到流动医护提供者的诊所报到。除了进行介绍外，流动医护提供者已经具有治疗他的所有必要信息。随后会安排好预约，当他准备返回波士顿时，医疗记录会发送给东北区域医护提供者网络的初级保健提供者进行审查。当然，如果在此期间需要对初级保健提供者和流动医护提供者进行咨询，可毫不拖延地进行。

那么，企业将如何实现这一目标呢？从领导层内部人士的角度来看，以下情景片段讨论了这一切将如何实现。

新的系统和流程使这一切成为可能。企业现在已经建立了完整的流动医护提供者构架，并且区域医护经理之间的紧密协调已成为日常工作的一部分。经理、医护提供者、个案工作者和行政人员已经完成了有关简化流程的深入培训，包括如何使用增强的指标系统，该系统既可以向一般数据池提供信息，又可以最大限度地提高他们本地工作的效率和效果。

实现企业预想的未来需要时间和努力。这不是一个简单的工作，它需要与多个利益相关者进行深入讨论。架构师需要深入了解每个主要利益相关者所设想的本质。他们认为什么可以使企业变得更好？需要增加和强化什么？他们希望哪些方面可以消失？团队越能接近每个利益相关者的愿景，以及在当前状态分析中确定需要改进的问题，就越容易创建符合利益相关者愿望的替代架构。愿景很重要，但真正增加价值的是愿景制定过程。它丰富了对可能性的思考，并获得了利益相关者对企业未来期望达到的目标的认同。情景片段让未来愿景生动起来。

基于要素的叙述

我们发现另一种有效设想未来的方法，即编写一篇比在转型结束时出现在媒体上的简短新闻更为全面的叙事文章。这种详尽版本模仿了在转型完成年份发布的年度报告的写作方式。企业要素被用来构建故事，正如我们在以下案例中所示。

巅峰交通（Acme Transport）是一家大型老牌汽车公司的新业务单元。[2] 该单元希望发展成为大公司中的顶级设计单元。转型始于 2012 年，并计划在五年内完成。以下是一份使用企业要素组织叙述的预期年度报告的摘录部分。

> **战略**
>
> 在过去的几年中，巅峰交通已成为全球运输公司中顶尖且高效的设计部门之一。这种卓越水平是多年实施新战略的结果，这种新战略注重人员和执行的卓越性，同时保持高度紧迫感。这一创新战略有助于降低汽车的生产成本，同时保持巅峰运输的高标准。这一战略的一个重要支柱是员工与管理层之间的协同作用，这种协同作用形成了一种高绩效文化，能够应对和解决新的挑战。这一战略之所以能取得成功，是因为部门内的每个人都清楚自己的角色，并具有独特的技能和能力，使得巅峰交通能够在专业性和整合能力之间实现平衡。
>
> **产品 / 服务**
>
> 上个月巅峰交通成功推出了完全由其业务单元设计的第一款车型。该

业务单元的成功是其在2010年采用战略的结果。这款新车预计将在价格、功能和质量方面为同类汽车设定新的标准。在设计过程中，巅峰交通成功地比前一款车型节省了17%的成本。同时，新车配备了最新的技术功能，并具有可扩展的平台，以便将来添加更多功能。这款车在2015年第三季度上市，比计划发布日期提前了四个月。项目在成本、质量和时间三个方面成功地证明了巅峰交通的能力。

流程

今天，巅峰交通自豪地宣布，他们的工程团队已经发展成为一个以流程为中心的组织。为了与“一体化巅峰交通”倡议保持一致，他们使工作流程标准化，以降低成本并始终如一地提供高质量的产品。所有的团队都遵循全球工程团队制定的标准，并在他们发现有改进空间的领域进一步优化这些流程。除了遵循全球流程，他们还记录了本地流程，以获取它们的工作方式。标准化工作被用作知识转移的手段。改进的培训流程支持他们对这些标准的承诺，每个人都能从他们所获得的集体知识和已确定的最佳实践中受益。因此，他们的质量评级在巅峰交通的所有部门工程团队中是最高的。此外，新员工的调查和评估显示其对流程有着出色的了解。

组织

四年前，巅峰交通的组织结构并不能使企业实现其目标。该组织结构是基于一种最初为在总部所在地运作而开发的模式建立的。这种矩阵式组织结构要求向职能经理和项目经理汇报，但它并没有带来真正的好处。此外，许多职位在两个地点重复设置，浪费了资源。另一个问题是员工与主管的比例过高。这影响了整个组织，因为员工觉得自己没有得到所需的支持。巅峰交通针对这些问题进行了调整。矩阵式组织结构被重新设计以创造更多价值。组织结构被简化，取消了重复的职位。资源被安排在与它合作的团队中，这使得设计团队更加灵活和敏捷。聘请了新的主管，现在员工得到了必要的支持，这在员工调查结果和巅峰交通始终能够提前交付车辆的一流表现中得到了体现。

知识

巅峰交通曾经是一个“新兴”和“年轻”的组织，员工的知识储备不足。基于巅峰交通以往的内部经验，该部门设定了高绩效设计团队所需的专家、经验丰富的工程师和新工程师的细分目标，还制定了帮助员工发展必要技能并达到理想知识储备的计划。员工能力首先通过自我评估确定，再由主管和同事验证。这使得个人能够认识到他们所需的技能，并制定与公司愿景一致的培训计划。

基础设施

巅峰交通通过基础设施投资展示了对环境的承诺。设施和政策都具有环保特点，并降低了成本。这些努力的亮点包括：①电力消耗减少 10%；②水消耗减少 15%；③完全无纸化；④ 90% 的废物被回收利用。他们还开发了一种社交媒体环境，以更好地连接各部门的员工。他们通过赞助公司聚会、俱乐部和体育联赛促进了初步的面对面交流。社交媒体的连接增加了 200% 以上。这一举措促进了部门内团队之间的工作互动，也是将开发周期缩短 8% 的关键。

信息

以前，新员工无法获得包括设计规则和要求的学习流程信息。对此，巅峰交通团队齐心协力，明确了所有流程，并创建了一个在线系统，使重要流程易于查找并可供有需要的员工访问。设计规则和工程要求通过顶层流程在各个领域中得到明确确认。培训流程旨在使员工熟悉这些流程以及查找这些流程的方法。每个设计团队都有责任维护流程，并确保团队中的每个人都能清楚地了解这些流程。

正如本例所示，使用视角要素来描述转型后的企业有助于在开始就确认具体的转型目标和需要采取的行动。以“向世界展示”的形式看到结果，有助于塑造对重要性和影响的思考。架构设计团队发现，这类工作有助于从多个维度了解发展轨迹，以及了解独特变化如何促进整个企业的转型。通常，这些富有远见的工作是从高管领导那里收集意见并向各种利益相关者传达未来愿景的好方法。其结果不仅对未来企业设计至关重要，而且还可以作为有助于激励下游转型的平台。

确定评估标准

在开始生成替代架构之前，为了实现未来企业愿景，定义用于判断这些架构优劣和适用性的标准是非常重要的。拥有一套合适的标准对做出良好的架构决策至关重要。标准的选择应考虑主要利益相关者及企业希望在未来具备的能力，且应尽可能反映长远眼光。团队需要对所有标准的确切含义有共同的认识，通常为此定义子标准是有帮助的，获得领导层对标准的认同也是必不可少的。这一切必须在进入下一步骤之前完成，以避免在评估中带入偏见。

一旦对预期的未来有了清晰的认识，并且对评判可能的架构的标准有了精确的定义，我们的团队就可以转向下一项活动，即生成能够实现转型愿景的概念。

创建未来的整体愿景

应用于您自己企业的练习：

- 利用视角要素和利益相关者描述未来企业的愿景和目标。
- 撰写一篇五年后的报纸文章，讲述您设想的企业的故事。
- 创建一些情景片段，描绘愿景的实现过程。

需要考虑的问题：

- 您的未来愿景陈述是否讲述了一个引人入胜的故事，并能激发变革？
- 您是否包含了关键视角要素并消除了孤岛？
- 是否有清晰的成功指标和挑战目标？

- 在新的组织中工作会是什么样的体验？
- 您的未来愿景激发了哪些新的架构概念或想法？

第7章　生成替代架构

我希望我的建筑能够激励人们利用自己的资源，迈向未来。

——安藤忠雄（Tadao Ando）

到目前为止，架构设计流程主要是收集信息和见解。这时，团队对企业的现状及其未来可能的变化有了很好的了解，已经完成了利益相关者分析，并记录了企业架构现状。这些与对未来的整体愿景一同提供了前进所需的知识。现在，团队已经准备好开始最具创造性的任务——生成创意并探索可能的架构。

替代架构是迭代活动的结果。这包括生成创意、提出替代方案，并利用这些替代方案生成多个替代架构。生成的替代方案是未来架构的竞争者。架构师将在这些活动中螺旋式前进，同时评估整体的优势和适用性，并收集中期反馈。很难说这个过程需要多少次迭代，以及团队可能需要多少次“重新开始”。最终，这项活动会生成几个可行的替代架构，而这些架构的开发程度通常取决于项目的时间安排。理论上，创意和概念的生成随时都可以继续，但在实际情况中，时间的压力通常会使该活动告一段落。在时间安排不是主要驱动因素的情况下，团队会决定何时达到“饱和”。饱和意味着活动不再产生重要的新见解或替代方案。

生成创意

生成新概念始于提出实现企业未来愿景的创意。这是一项创造性活动，没有固定的规则，并且保持对各种创意的开放态度非常重要。团队需要抛开限制，暂时忽略可行性、成本、进度和其他约束。这些将在下一轮考虑。生成创意和探索的目标会生成大量的概念。

在超越创造未来企业愿景的过程中，一种行之有效的方法是提出大量创意。图 7.1 展示了生成创意活动中的四个有用步骤。[1] 第一，团队自行生成创意。第二，借鉴其他企业在类似情况下的经验。第三，团队可以在企业内部和外部征求建议。这种方法的最后一个构思活动是研究极端企业，即那些在各自领域中表现最佳或最差的企业。通过这样做，团队可以了解这些企业为何取得巨大成功或失败，并考虑新架构是否可以借鉴或避免这些企业所采取的措施。

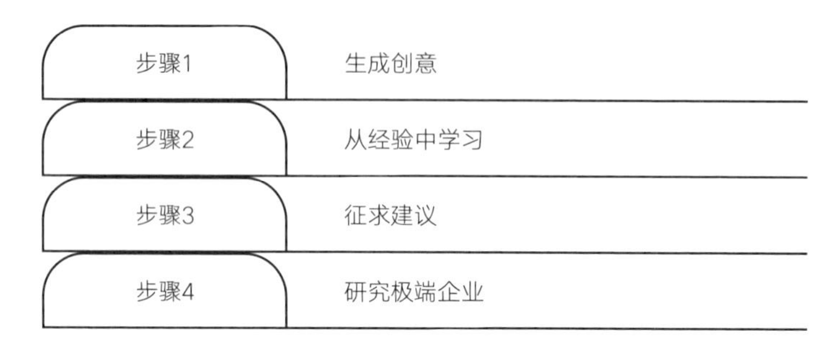

图7.1 生成创意的四步法

我们发现，使用典型的创造性头脑风暴法可以很好地鼓励以开放和富有趣味的方式来完成手头的任务。[2] 这时应跳出框架思考，避免因企业的现实环境而影响创意生成。当然，考虑到企业文化、资源和时间因素，务实和现实将是一个强大的驱动力。例如，对于一家拥有 20 名员工的初创企业来说，在两年内成为拥有 10 万名员工的全球市场领导者看起来是不现实的。然而，这个目标可能仅仅是对于转型时间跨度和投资资本而言不现实。事实上，成为大型全球企业可能正是在更长期限内需要采取的路径。这就是为什么在生成架构替代方案时要考虑转型的时间象限。

无论如何，在初步探索活动中，不应让任何事物妨碍有趣概念的产生。伟大的创意可能存在于那些成本高昂或无法实施的概念中。将这些概念引入决策过程的价值在于，它们可能包含团队需要认真考虑的有趣特征。同时，探索这些概念不可行的具体原因也具有一定的价值。

关于生成创意的过程，有很多可以采取的方法。我们发现，团队经常使用的一种有效方法是使用便利贴记录未来架构的理想属性，然后以某种逻辑方式对这些特性进行分组（图 7.2）。在这个例子中，较深色的便利贴记录了当前不存在的理想属性，而较浅色的便利贴则突出显示了架构师希望在新架构中保留的当前属性。这些便利贴在本例中按视角要素进行了分组（当然，也可以采用其他方案对创意进行逻辑分组）。

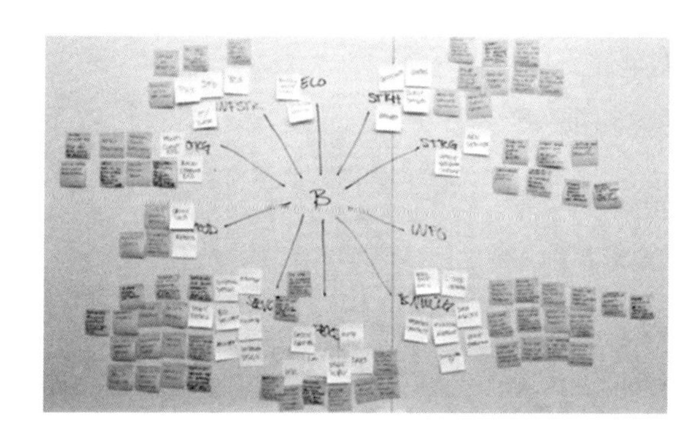

图7.2　使用视角要素发现属性并分组

生成新概念

一旦生成了一系列理想属性，架构团队就会利用这些信息来指导新概念的创建。在这一活动中，主题开始浮现，并最终形成一组架构概念。

在生成替代架构之前生成新概念具有重要的价值。在时间紧迫与紧急情况下，跳过这一活动直接转向更实际的架构替代方案是很有诱惑力的。然而，首先生成概念允许更自由地进行创造性思考，建立对未来架构可能有效或无效的认识，而无须涉及过多细节。直接跳到更“显而易见”的解决方案，虽然节省时间，但却牺牲了发现新可能性的机会。一些远大和看似不可能的想法可以引发一系列思考，最终导出一种可能从未被思考过的实际创新。

生成概念的艺术有几项指导原则。其中之一是停止担心某个概念是否“正确”。事实上，在构思活动中，尽管保持合理性是有意义的，但担心概念是否可行是没有必要的。在这里，架构师应对那些坚称“我们不能这样做”的企业成员进行反驳。然而，这项活动并不是完全在空白画布上进行头脑风暴。概念基于架构项目之前的所有工作。可以通过八个视角要素获得认识。此外，考虑信任、社会责任或忠诚度等相关的软性因素也可能激发新的创意。

简单的 SWOT 分析是识别概念差异化属性的有效方法之一。评估概念促使人们更深入地思考可能性，并为下一步制定替代架构提供信息。这些替代架构指的是在考虑企业当前状况及未来目标基础上可行的架构。所谓可行，是指这些架构在各方面都考虑到的情况下，似乎有合理的机会实现预期的未来。

如果 SWOT 分析表明某个概念不可行，团队可能会放弃该替代方案，但在此之前需要问清楚该概念中是否有可以结合可行概念的优势和机会。这并非有一个精确的流程，而是需要反复推敲，才能得到下一轮可行的概念。SWOT 和类似工具提供了一种方法来淘汰那些不支持企业未来愿景的架构概念，或者那些因劣势和威胁过多而变得不可行或风险过大的概念。

考虑将企业带入极端情况或采取极端战略方向的替代方案可能非常有用。我们合作过的许多架构团队通过考虑最佳和最坏情况，提出了一些较好的概念架构创意。当然，极端的概念不太可能被实际实施，但只要对它们加以考虑，就会产生真正的影响。

考虑极端情况迫使团队走出舒适区，有助于激发创造性思维。例如，如果企业决定关闭其在某个主要市场的区域办公室会怎么样？分析这种极端替代方案有助于揭示该地区办公室的真正价值。如果一家企业创建了一种全新的商业模式，例如，从有股东的营利企业转变为非营利企业会怎么样？尽管这种转型极不可能，但只要思考它就会引发关于企业核心价值的主张和业务绩效指标的有趣问题。如果一家企业将其所有的工程设计都外包出去会怎么样？考虑这种极端替代方案可能会使架构团队深入思考的知识作为资产的价值。

提出替代概念并思考其优劣和适用性这一活动，更多的是一门艺术而非科学。埃伯哈特・雷克廷在其极具影响力的关于架构组织的书中断言，科学是不够的，因为企业“从定义和实际经验来看，实在是太复杂和相互关联，以至于无法进行现实的定量分析”。[3]

概念的筛选

一旦生成了概念，第一轮筛选将“可能实现”的方案与“不可能实现”和“不应实现”的方案区分开来。“不可能实现”的方案在任何合理情况下都不可行，无论这种想法多么伟大。不同企业对可行性的定义会有所不同。“先到先得”的排队方式适用于银行或快餐店，但对一家急诊室等待时间饱受投诉的医院来说，不可能采用按到达顺序看病的策略。想象一下，如果不优先处理危及生命的伤害，将会产生多么严重的后果。

通常，“不应实现”的方案是那些最终被证明并非架构团队真正的追求，也不是企业真正需要的方案。这些方案无法满足未来架构的主要战略要求。在深入研究之前，这些方案看起来不错，但深入研究后，团队会发现一些“不应实现”的方案几乎从一开始就容易被淘汰，但将它们摆上桌面进行讨论仍然有益。例如，在我们研究的一家企业中，团队提出了一个支持向新区域进行积极扩张以满足收入增长目标的概念。起初这似乎是一个很好的选择，但在进一步审查后，团队意识到该区域的竞争水平降低了他们最初设想的利润潜力。自然，这使得这一方案的吸引力大大降低。最终，鉴于还有许多更有前景的方案，团队决定不继续推进这一方案。

淘汰“不可能实现”和“不应实现”的概念后，团队就剩下一组“可能实现”的概念。如果桌上的方案太少，可能需要进行一些额外的创意生成。根据我们的经验，在理想情况下，应有五到七个概念进入下一步的替代架构生成的活动。这个数量既足以保持有趣性，又能让有效的比较和推理成为可能。

将概念融合到替代架构中

当架构团队掌握了一组概念后，其任务就是将这些概念汇聚起来，生成若干替代架构。这些替代架构建立在之前活动中提出的概念之上，但并不是简单地采用这些概念后进行细化，而很可能是对这些早期想法进行混合和扩展。考虑到每个概念的优点和不足，架构团队通过有意地结合各个概念的积极特征要素，丰富之前的工作。根据可用的时间以及是否仍在发现新知识，可能需要多次迭代。通过结合各种特征，可以产生一个全新的架构。这是很自然的，因为之前的生成概念活动就是为了积累尽可能多的知识。

简单的草图有助于将创意转化为概念，也可以将草图结合起来创建故事板（storyboard）。故事板是一系列草图，也是讲述未来企业外观和行为故事的有效方式。同样，可以使用一系列概念来预想包含两个或更多替代架构的渐进式变化。

在这个过程中，提出假设性问题至关重要。比如，如果我们将所有制造业务外包会怎样？相反，如果我们将更多制造业务内化，以便更接近设计工程会怎样？如果我们不再生产自己的产品，而是成为装配和运输商，使用从供应商那里购买的标准零部件会怎样？这样的问题引出了一个关键问题——在这种情况下，未来的架构会是什么样子？架构团队可能会提出一些方案，直接挑战现有政策和长期以来的文化假设。

在我们研究的一个架构项目中，团队意识到存在严重的预算限制。这些预算限制阻碍了他们的想法，需要被排除，以便团队能够超越当前的限制进行思考。因此，团队在不考虑成本的情况下生成概念，忽略了他们可能已经知道的预算限制。他们这样做并不是因为任性，而是因为他们认识到，如果没有这种扩展的思维，可能会错过未来架构中可能克服预算限制的东西。一旦团队确定了一组潜在架构，他们会根据实际情况，如可负担性，对每一个架构进行评分，从而有效地筛除不可行的解决方案。

这种方法看似没有意义，毕竟，为什么要生成一个最终会被筛除的架构呢？然而，这忽视了关键点。不可行架构中的某些特定特征可能应用于其他可行的架构。换句话说，虽然某个架构整体上可能不可行，但其某些特征可能非常有用且符合未来状态的需求。在初期跳出框架的思考能够揭示这些特征。其目标是扩展边界，培养独创性和创造力，从而扩大可能性的范围。例如，“先到先得”方法整体上不适用于医院急诊室，但是，如果医院先采用了分诊方法，则可以以这种方法对属于“轻伤”类别的患者进行治疗。

在生成架构方案时，团队可能会提出一些具体的想法，这些想法可能作为驱动因素和实施的促进因素。例如，将研究预算增加一倍可能是扩大市场份额的关键。也许新的领导层结构被认为是实现服务交付敏捷性愿景的关键驱动力。我们观察到，架构团队往往过多地考虑可行性，从而阻碍了方案的生成。我们的风险规避型首席执行官会支持将研究预算增加一倍吗？我们是否有合适的领导者来适应预期的新管理结构？团队应记录这些实施驱动因素和促进因素，以便在确定未来架构并制定实施计划时加以利用。

在概念生成过程中产生的可能性和获得的知识，为创意提供了基础。正如他们在现有企业分析中所做的那样，这些要素再次提供了有用的视角来考虑整个企业。然而，我们发现，使用一种首选的要素顺序来推导架构是有帮助的。这一顺序来源于我们与众多现实企业合作的工作经验。

考虑要素的顺序

我们的经验表明，按顺序考虑四组要素为架构任务提供了有用的路径（表 7.1）。这并不是一条严格的规则，因为特定情况可能需要另一种方法，但对于大多数情况，这似乎是一种自然的要素思考顺序。

第一集群由生态系统和利益相关者组成；这基本上是我们的“画布”——团队创建的每个架构的背景。在这里，我们特别关注正在变化的或可能变化的事物。例如，一个新市场是否正在出现？是否有即将出台的政策会影响产品线？我们是否预计将来可能会有新的利益相关者？这些问题将如何影响我们的战略？

第二集群包括战略、流程、组织和知识要素，并按此顺序考虑。战略驱动一切，流程（无

表7.1

建议的要素考虑顺序

	集群序列	**企业要素**
通过序列进行迭代循环	第一集群	生态系统 利益相关者
	第二集群	战略 流程 组织 知识
	第三集群	产品 服务
	第四集群	信息 基础设施

论显性的还是隐性的）是执行战略的方式。在流程之后，我们会考虑组织，然后是所需和生成的知识。这是一个序列，但显然必须通过这些要素进行螺旋式思考，以便全面考虑它们。

第三集群由企业的产品和服务组成。这意味着要考虑这些产品和服务在今天的状态以及它们现有的关系。此外，还需要考虑在企业未来愿景中的产品和服务。什么可能面临风险？哪里可能有机会？

信息和基础设施要素构成第四集群。鉴于其他视角要素，信息是需要流入和跨越各种要素的内容。基础设施是使企业运营成为可能并支持产品和服务的要素。

团队将对所有要素进行螺旋式思考，但实际上不可能将所有十个要素作为一个整体来考虑。根据我们的经验，这四个集群似乎是自然的分组方式，考虑这些集群及其内部要素的顺序已被证明是一种有效的方法。需要认识到一个非常重要的事情，那就是顺序排列并不意味着这些要素的重要性顺序。相反，这只是一个自然流畅的思考顺序。尽管我们说“顺序”，但当然在这些活动之间存在反馈循环。

生成替代架构需要集中的时间和精力，因此团队需要安排固定的时间段来共同工作。团队成员之间的积极对话至关重要。我们建议不要采用分而治之的策略，即每个团队成员分别开发一个替代方案。想法的协同效应，对替代方案的讨论，以及在其他队友的想法基础上进行构建，似乎是提出有趣的架构替代方案的主要因素。即使最终选择架构的压力始终都在，这项活动也必须有足够的时间并得到关注。

替代架构

ARIES 流程中此步骤的成果是一组确定的替代架构。各种格式对于获取这些替代方案是有用的。不同架构的视觉图示有助于比较和传达基本的想法。为了使这些图示有用，简洁性很重要，但在一个简单的图形背后有更多的细节，包括要素的描述。我们发现图示本身可以有效传达架构中的关键差异。因此，这些是形成详细描述的有用文档资料或工件，可以有效地与利益相关者沟通。另一种选择是以表格形式呈现关键信息。表 7.2 提供了一个示例（包含部分信息），展示了一家建筑设计公司通过增加不同类型的服务

表7.2
某建筑设计公司寻求扩展的四种替代架构比较

重新设计设施		替代架构——咨询重点		
		架构灵活性	人力因素	运营和组织设计
生态系统	传统市场	传统+行业公司	新市场	传统+新市场
战略	医疗和教育	针对行业公司和实验室	专注于高科技、零售和制造业	利用外部网络开发新市场
流程	（相同）	情景规划和方案评估	研究、开发、原型设计	新业务开发
服务	空间规划和利用研究	设施规划和需求研究	服务设计和工业设计	企业设计和建模

来扩展其商业模式的四个替代架构。这些替代架构是使用项目中架构团队采用的四个主要企业要素来描述的。当此类表格扩展时，它能够对替代方案进行有用的比较。

文本、表格或图形描述的选择由团队根据其认为最能实现沟通的方式来确定。当然，团队通常会使用多种特征描述方式来描述替代架构。当架构团队完成最终工作时，通常会撰写一份报告以记录这项工作。基于文本的描述提供了丰富的叙述，几乎总是出现在报告中。

最近在为一家医疗企业进行的架构设计项目提供了一个很好的叙事架构描述示例。

健康协作中心案例

我们现在来看一家顶级医院的案例，该医院使用了一个名为健康协作中心（CWC）的先进设施，这是传统护理的一种替代选择。[4] CWC 的使命是“让患者与护理提供者在为促进持续健康和保健的伙伴关系中协作参与”。在这项架构设计工作进行时，CWC 被视为一个试点项目，仅为医院员工提供服务，医院希望扩展该项目以覆盖更多元化的患者群体。负责该项目的架构团队首先分析了企业的内部和外部环境，获取了 CWC 的当前架构，随后与利益相关者进行了广泛的访谈和讨论。被标记为需要改进的领域包括缺乏正式的角色和职责、未记录的最佳实践、缺乏正式的知识共享流程，以及缺乏激励持续改进的指标。通过视角要素对当前架构的详细分析为生成概念的活动提供了信息，组织和知识视角被认为在改进机会方面占主导地位。总体而言，CWC 提供的环境非常优越，并且有巨大的扩展动力。一个担忧是，这种快速增长需要被谨慎管理，以确保持续成功。

在创建未来整体愿景的活动之后，架构团队探索了概念，并生成了四个替代架构。我们现在仔细看看这些架构，以及团队如何通过分析它们的优势、劣势、机会和威胁来描述它们。

架构方案 1：通过复制（“完全复制”）来增长

CWC 目前正在制定未来计划，以服务更多的患者。当前的战略是从一个护理团队扩展到三个护理团队。在这种方法下，该架构利用了一些大型制造企业使用的“完全复制”方法。通过这种方法，CWC 将复制护理团队以及运营所需的必要流程和基础设施，使其能够独立运作。

优势和劣势

鉴于目前的护理团队在患者护理方面获得较好的评价，复制该护理团队将有助于确保 CWC 保持同样的高质量护理。“完全复制”假设了可重复的流程和有良好文档记录及最佳实践的基础设施。不幸的是，知识共享、流程文档以及明确的角色和职责是 CWC 的劣势。这些劣势是通过 “完全复制”方式成功复制的主要障碍。由于护理团队成员没有明确的角色和职责，很难复制每个工作人员每天分配时间的方式。许多工作人员在其核心能力之外有增加的职责。例如，职业注册护士既执行正常的护理任务，也执行许多行政任务。职业注册护士的行政任务实际上会随着额外团队的增加而增加。如果没有这些任务的流程文档，职业注册护士的职责将难以复制。此外，“完全复制”方式假设“产品”环境不变。这意味着 CWC 不能让每个护理团队专注于特定的群体。例如，一个护理团队可以专注于心脏病预防，而另一个团队则专注于糖尿病。

机会和威胁

由于责任医疗组织（ACO）在美国医疗讨论中的主导地位，如果 CWC 目前的模式取得成功，它可能会发现增长的机会。如果这种模式可重复且成本较低，政府和其他医疗服务提供商将希望复制它。这将带来扩展的机会，并可能为 CWC 带来收入。相反，与 CWC 相关的医院中的大多数员工可能希望继续使用他们当前的提供商，这将阻碍 CWC 的增长。此外，CWC 模式仅在医院中的健康意识较强的工作人员群体中实施。根据 IMS 健康信息学研究所的数据，接受治疗的前 5% 的患者花费了 50% 的医疗费用。在目前的阶段，CWC 并未用于治疗具有代表性的美国人口群体。

架构方案 2：通过在当前设施内增加服务来增长

CWC 增长的另一条途径是在当前设施内增加更多的服务以鼓励更多人加入。这种方法将把 CWC 转变为一个初级护理和健康中心，提供垂直的医疗服务，例如预防性护理、健康教育、早期诊断、肥胖咨询、心理健康服务或物理治疗。除了这些垂直服务，CWC 还可以扩展到一些专业服务，如放射诊疗。随着更多服务的提供，员工可能会有更多的动力加入 CWC，这反过来为扩展到三个护理团队提供正当理由。

优势和劣势

通过扩展到这些垂直服务和一些专业服务，CWC 将在降低成本方面产生更大的影响。这些垂直服务增强了 CWC 的预防性护理能力，并将在其患者群体中产生更大的影响。此外，通过避免转诊到专家，医院的索赔支付将减少。关于劣势，增加的服务将增加 CWC 运营的复杂性，并可能增加协调成本。一些服务需要额外的人员或设备，这将进一步降低企业资产的利用率。

机会和威胁

新技术设备，如手持超声设备，正逐渐为医疗提供者所用。这些简易版的医疗设备使得将新服务集成到 CWC 的初级护理模式中变得更容易。CWC 可以识别一些技术设备，使其能够在没有重大资本投资的情况下提供服务。为了扩展服务而引进的新人员和设备可能会受到 CWC 设施规模的限制。设施的规模可能会限制可行的服务类型。

架构方案 3：通过扩展其他客户群体实现增长

虽然向非医院员工提供服务不是企业当前战略的一部分，但如果有必要，CWC 可以通过向其所属的更大医疗网络的其他成员提供医疗服务来增加注册人数。该网络有兴趣学习责任医疗的最佳实践，这可能会激励他们允许 CWC 将其护理模式扩展到区域内为不同患者群体服务的周边提供者。CWC 可以向其他客户群体开放其现有中心，或者开始在该地区设立卫星诊所。

优势和劣势

这种方法将对 CWC 的患者护理模式在不同生态系统中的适应性进行压力测试。通过接触更多的患者群体，护理模式可以在不同的患者群体中进行测试。虽然向其他客户群体扩展有利于学习，但卫星中心需要大量的固定成本投资。如果医疗网络员工的注册受 CWC 办公室位置的影响，则可能需要卫星中心来扩展到新的客户群体。这种成本增加将影响 CWC 当前的利用率目标。

机会和威胁

通过与其他医疗服务提供者合作，CWC 可以通过跨城市的合作来加强其护理模式。这允许共享最佳实践并改善患者护理。另外，这种方法的威胁在于某些人群中的患者可能无法使用虚拟医疗来促进持续护理模式。由于 CWC 未来的持续护理模式是基于虚拟医疗（如互联网视频会议）的，没有此类技术的患者在获得最佳护理方面处于劣势。

架构方案 4：通过增加虚拟医疗接触实现增长

在这种架构中，CWC 将大力投资于信息技术基础设施，以增加患者的虚拟就诊次数，从而使护理团队在不增加资源的情况下接纳更多患者。这与 CWC 的战略一致，但存在降低患者护理质量的风险。

优势和劣势

责任医疗高度关注每项临床结果的成本和人口管理。大部分成本来自患者就诊和设备及资源的使用。有时，可以通过虚拟医疗来替代短期就诊，以减少与患者就诊相关的索赔和资源的使用。通过虚拟医疗解决小问题，可以降低每项临床结果的总体成本。通过增加更多虚拟医疗就诊以提高容量，可能会导致患者医疗质量的下降。例如，如果医生在虚拟环境中误诊，患者的病情显然会恶化。此外，因为与患者的面对面时间较少，虚拟医疗可能导致医生、护士和工作人员对工作环境的不满。

机会和威胁

CWC 将利用并引领云技术访问和整合患者信息的趋势。通过投资信息技术基础设施并将其与经过验证的责任医疗组织流程相整合，CWC 可以将其技术授权给其他责任医疗组织，为医院创造新的收入来源。虚拟医疗的最大风险是由于误诊或不遵守保护患者隐私的法律而增加的责任。

使用这种叙述方法有助于描述架构并查看每种架构的优势。正如这个案例所示，“最佳”的架构并不容易显现。架构师需要权衡不同的选择。

进入评估阶段

生成替代方案的流程可能会根据企业的偏好、活动的可用时间以及团队在此阶段所需的细节程度而有所不同。我们发现，大多数架构团队最终会选择三到五个替代架构进行评估。考虑到人能够同时认知比较的事物数量有限，这似乎是一个合理的折中做法。我们建议，超过五个替代方案可能会减少有效评估这些方案的机会。

任何架构的吸引力最终可以通过其激励他人投入时间和资源以实现其目标的程度来判断。最终，所选择的架构必须有足够的吸引力，能够激励将参与其实施的利益相关者。生成替代架构这一步骤产生的每个替代方案都需要考虑其在企业未来设想的挑战和环境下的表现。我们将在第 8 章讨论评估。

生成替代架构

应用于您自己的企业的练习：

- 召开一次会议，提出初步想法。
- 生成七到十个概念，并筛选出五个。
- 使用这些概念按照顺序生成几个替代架构（见表 7.1）。
- 准备这些替代架构及其视角要素的比较（见表 7.2）。

需要考虑的问题：

- 团队是否使用了多种构思技巧来提出创意（见图 7.1）？
- 是否使用了定性技术（如 SWOT 分析）来评估并筛选出五到七个概念？
- 团队是否使用企业要素详细说明了替代方案？
- 替代架构是否能够实现设想的未来？
- 团队是否记录了在活动期间提出的假设和关注点？

第8章　决定未来架构

如果建筑与艺术无关，建造房屋将变得异常容易，但建筑师最困难的任务总是选择。

——阿恩·雅各布森（Arne Jacobsen）

每个架构师都面临着设计架构何时完成的难题。这不异于艺术家决定一幅画何时完成。在整个设计活动中，替代架构的特征被选择，然后可能被移动、修改甚至删除。架构可能被解构并重组成新的架构。最理想的情况下，设计活动会产生三到五个替代架构，其中的每一个都有可能在企业的未来愿景中表现出色。

在某个时刻，团队需要“划定界线”，并进入对替代架构的正式评估和对未来架构的选择。这不是一门精确的科学，但也不完全是艺术性的选择。我们的架构团队将使用特定的标准和选定的评估方法做出决策。

评估标准

评估是根据一组特定标准判断可能架构的优劣和适用性。在团队设计替代架构的过程中，肯定会进行一些非正式的评估。然而，必须注意避免偏见并保持开放的心态。在第 6 章中，我们讨论了在生成架构概念之前决定评估方法和标准的重要性。

在这一过程早期仔细考虑将用于评估的标准是必要的，以了解任何内在的偏见并尽量减少它们对客观决策的影响。所选标准需要尽可能地从长远角度考虑，并考虑到各种利益相关者的需求。当然，领导层必须完全接受这些标准，因为这些标准将驱动企业未来的决策。

为了获得良好的评估结果，团队需要在比较替代架构的基础上达成共识。这需要对评估标准有精确的了解。例如，如果企业的可扩展性是评估标准之一，那么所有团队成员需要以相同的方式解释可扩展性。有可能一个团队成员认为可扩展性与增大或减小劳动力规模有关，而另一个成员认为与增加或减少产品制造输出有关。如果团队曾经讨论过两者，但成员们不再记得讨论的结论，那么这种评估标准的模糊性显然会对架构决策产生重大影响。仅仅谈论企业的可扩展性为决定因素是不够的，它必须更精确。它是可扩展的劳动力、可扩展的商业模式，还是可扩展的制造设施？每个概念都有不同的定义。

在架构过程中，随着团队从构想未来到概念生成，评估标准逐渐成形。最好避免在事后选择标准，因为这些标准可能会受到替代架构的影响。当然，自标准首次确定以来，可能已经过去了一段时间。自那时起，初始概念已经生成，并且派生出了替代架构。自然，团队的思维会演变，并且可能已经发生了变化。也许生态系统中的变化对企业提出了新的要求，如竞争对手的增加或供应商的短缺。也许主要利益相关者发生了变化，他们的世界观与前任有所不同。虽然我们不想显著改变最初选择的标准，但在开始评估可能的架构之前，重新确认标准的适用性是很重要的。经过深思熟虑的小调整可能是必要的。例如，生态系统中经济状况的意外中断可能会增加经济适用性的相对重要性。当进行调整，或添加或删除标准时，团队需要确保了解是否会出现偏差，以及在哪些方面会出现偏差。

谁来评估架构？

架构团队的成员很可能都会参与到评估过程中，尽管这并非必需。例如，如果来自企业同一职能领域的人员过多，团队可以选择让一名成员代表其团队参与评估。重要的是去思考“还有谁应该参与替代架构的评估”。

前文我们讨论了拥有一个能反映受转型影响的利益相关者的多样性的团队的重要性。在这个阶段，拥有代表性的公平性同样重要，甚至更为重要。从团队的构成看，如果有未被代表的利益相关者群体，明智的做法是招募一个能够代表这些利益相关者的人参与评估。此外，赞助者（或其指定代表）有时也可能直接参与评估活动。在这种情况下，团队需要注意避免过度受到赞助者声音的影响。努力实现观点的平衡是很重要的。

我们的研究发现，一种非常理想的做法是让评估团队中有一名“非倡导者”。通常，团队成员和密切相关的利益相关者在组织中根深蒂固，难以保持完全无偏见的观点。非倡导者是指了解企业及其转型目标，但不会直接受到此次特定转型影响的人。这个人可以来自企业中未涉及的部分。或者，非倡导者可能是外部人士，可能是值得信赖的供应商或合作伙伴，抑或是经验丰富的顾问。

面向未来

评估任务涉及在替代架构中做出最优选择的艰难决策。显然，尽管选择仅适合当前的架构是没有意义的，尽量这样想也是自然的。架构需要适合目标时间象限，并满足可预见未来的预期需求。

但我们知道，未来并不总是如预期般展开。那么问题是，如何选择一个随着时间推移能够保持稳健和 / 或易于变化的架构。我们无法预测未来，因此我们实际能做的只是通过一些深思熟虑的测试，通过考虑各种可能的未来来评估这些架构。那么，我们如何决定哪个架构最有可能具备面向未来的能力呢？评估架构未来适应性的两种有用的方法是极端测试和基于情景的测试。

极端测试

第一种未来适应性测试方法，即极端测试，是指想象企业可能遇到的（最佳与最差的）极端条件，即使团队认为这些几乎不可思议。极端测试涉及思考每个替代架构在最佳与最差情况下的表现。回想一下，我们在生成创意时使用了类似的方法。这里我们更具体地考虑每个替代架构在这些极端条件下的表现，以及它们之间的比较。

例如，假设一家商业产品公司在其行业中拥有 30% 的市场份额，其转型目标是从销售产品扩展到同时销售产品和服务。在建立一个新的架构以增加公司的服务时，领导层设想保持近年来实现的每年 2% 的市场份额增长。

现在，想象一下极端情况。最糟糕的情况可能是市场份额每年减少 5%（在维持业务的前提下），而领导层认为最佳的情况是市场份额每年增加 15%。在这些设想的最佳和最差市场份额结果下，我们要问每个替代架构在这种情况下的表现如何。在市场份额下降 5% 的情况下，企业可能需要关闭 30% 的业务单元。虽然企业在规划时有时会考虑“最差情况”，但我们很少看到对“最佳情况”进行深入考虑。最佳情况虽然看似积极，但如果企业无法有效应对其所有后果，实际上可能会带来问题。

现在，想象一下每年增长 15% 的影响。企业可能需要将业务单元数量增加一倍以满足需求。如果没有可行的战略，这实际上是难以实现的。也许，作为新战略的一部分，企业可以建立一个优先供应商计划，提前审核供应商并达成业务协议，以便在需要时迅速反应。或者，新的设施可以设计额外的物理空间，以便制造需求增长时进行扩展。提前规划这些应急情况是很重要的。

极端测试可以通过一对最佳与最差情况来考虑单一因素，如市场份额。还可以设想一组最佳与最差条件，将它们编织成情景，以测试替代架构在极端情况下的表现。例如，一种情景不仅可能涉及市场份额，还可能涉及经济状况、供应商可用性和政策变化。如果经济状况如此有利，以至于无法在必要的时间窗口内找到可用的组件供应商怎么办？如果政策变化突然禁止在公司主要地理市场之一开展业务怎么办？极端测试可以是一种与时间无关的方法，即关注的是一组替代条件，而不是这些条件具体发生的时间。

基于情景的测试

基于情景的测试涉及检查每种替代架构在不同的假设未来中的表现。这可能包含或不包含时间维度，即情景按顺序发生，而不是同时发生。

测试情景是通过考虑生态系统中哪些因素最不确定来“构建”的。这些因素可能与经济状况、市场状况、技术可用性等有关。除了生态系统因素，设想的情景还可能基于利益相关者价值观的可能变化。如果燃料价格大幅上涨，汽车市场的利益相关者可能会对燃油经济性的偏好高于舒适性和加速性能。与极端测试方法相比，这里我们设想的是更现实的情景，即我们认为在变化的世界中很容易发生的情况。[1] 理想情况下，选定的未来架构在所有测试的情景中都能正常工作，但更可能的是需要进行权衡。

让我们看看一个架构团队如何使用基于情景的测试评估两种替代架构的适用性。

该团队与总部位于美国的个人电子产品制造商——艾凡电子公司（Ivan Electronics Corporation）合作。[2]

艾凡电子公司大约 70% 的产品线在美国销售，在其他国家的需求增长缓慢。虽然艾凡电子公司制造了其产品中使用的大多数组件，但它确需依赖两家较小的公司来供应一些自主生产不划算的组件。目前，艾凡电子公司将大约 30% 的制造业务外包给印度的一家公司，5% 外包给中国的一家公司。

架构团队通过与艾凡电子公司职能领域领导召开会议来确定其测试情景。在会议期间，小组引出并讨论了企业在未来五年内可能面临的潜在情景。通过识别被认为中到高度不确定的生态系统因素，激发了对情景的构思。商定的不确定性因素包括与劳动力相关的成本，美国的经济状况，美国以外地区对艾凡电子公司产品的需求，以及市场中的竞争对手。考虑到五年的时间范围，小组还预测了特定情景在五年范围内发生的时间目标。两个情景如下：

在场景 A 中，第二年，由于新的工资标准，印度的劳动力成本增加了 30%。

在场景 B 中，第四年，艾凡电子公司的两个外包合作伙伴成为主要竞争对手。

每个场景可以单独测试，也可以按顺序考虑两个或多个场景。目标是辨别出哪些架构特征和策略能够使艾凡电子公司在这些场景下取得成功。某些架构可能在特定场景下表现良好。例如，艾凡电子公司的一个替代架构确定了在多个国家中的十个或更多的优先外包合作伙伴，可根据情况使用。另一个替代架构涉及在中国、印度和巴西建立全资子公司，而不是外包给独立公司。表 8.1 总结了这些替代架构在场景 A 和 B 下的表现。

“优先外包合作伙伴”架构可以在印度劳动力成本飙升时（场景 A）迅速改变外包地点，因为艾凡电子公司可以迅速从其优先名单中选择不同的外包合作伙伴。缺点是这种架构可能增加外包合作伙伴以后成为竞争对手的概率（场景 B）。

“全资子公司”架构有可能减少外包合作伙伴成为竞争对手的可能性或影响（场景 B）。这种架构的缺点是在场景 A 中可能更具挑战性，因为处理艾凡电子公司在印度子公司的经济问题要比简单地改变外包地点更复杂。

在极端情况下进行测试和基于场景的测试的目的，是探讨各种架构的优劣势，而不是选择一个“最优”架构。这通常会引发对替代架构进行“调整”的想法。根据新的想法，有可能通过结合各种潜在架构的特征来设计新的替代架构。这涉及一定程度的实验，但这种实验比早期概念生成时富有趣味的方法更深入。

表8.1
基于情景的两个架构在情景A和情景B下的测试

替代架构	优势	劣势
优先外包合作伙伴	如果劳动力价格上涨，能够迅速改变外包地点	增加外包合作伙伴成为竞争对手的可能性和/或影响
全资子公司	减少外包合作伙伴成为竞争对手的可能性和/或影响	经济问题比改变外包地点更复杂

基于模型的评估

根据企业的复杂性以及团队可用的时间和资源，可以使用模型来评估架构的特定方面。尽管本书不会深入探讨基于模型的方法，但我们将强调一些重要的点。由于企业是复杂的，并且存在于一种动态的环境中，团队很难为每个待考虑的替代架构建模。这样的工作不仅耗时又耗费资源，除非企业转型是一项复杂的、大范围的、持续多年的活动，否则这种努力通常是不可行的。使用模型对规模较小且时间较短的项目是可行的，并且通常非常有益，关键在于范围界定。

模型是对企业的抽象，因此选择一种适合架构的方法是很重要的，其需要在评估中进行最密切的检查。不同类型的模型以其独特的方式提供见解。[3] 例如，系统动力学模型[4] 帮助了解企业中的动态行为，而流程模型则专注于流程集成、工作流程和流程性能。这些模型可以通过计算方法实现，并且有许多有用的软件包可供使用。模型也可以是“简易模型”，只需少量时间就能产生很好的见解。虽然简易模型受限于无法利用计算能力来量化动态结果，但它们仍然可以实现对问题的了解。

决策方法

有许多方法可被用于在替代方案中做出决策，包括从简单到复杂的方法和技术。其中许多方法在群体决策中效果良好，因此适用于架构设计流程。SWOT 分析和普氏概念选择（Pugh concept selection）是用于比较架构概念的有用方法。这些方法同样适用于架构评估。现在我们来看一些它们的应用实例。

图 8.1 显示了用于艾伦设计集团（ADG，一家寻求扩展现有服务的建筑设计公司）[5] 转型的决策矩阵。决策团队确定了九个标准，然后将其映射到对这些标准最看重的利益相关者（见图 8.1 中评估矩阵左栏）。对五个替代架构与当前状态架构进行了评估，以更好（+1）、更差（-1）或相同（0）进行打分，并得出总分。[6] 然后，团队对可实施性进行了从容易到困难的定性评估。可以看到，有两个架构得分为“3”，而另外两个得分为“5”。在后者中，“灵活性顾问”架构被认为比“人因设计顾问”架构更容易实施。

艾伦设计集团团队选择使用无加权标准，因为他们认为在公司文化下，简单的方法最能有效地激发讨论。当然，所有评估标准的重要性很少是完全相等的。团队需要在讨论中体现这些差异，以做出最终选择（本案例在附录 B 中有进一步讨论）。

在 ISSA 项目上，架构团队使用了一种稍有不同的评估方法（该案例在附录 A 中有更详细的描述）。ISSA 是技术行业中一家大公司的软件服务组，其决策文化通常使用更复杂和定量的方法。在该项目中，团队使用了加权评估标准，而不是将所有标准视为相等的。

加权决策矩阵很容易设置。团队先前确定的每个评估标准都被赋予了一个百分比权重，总和为 100%。ISSA 团队还认为，如果为每个标准派生出额外的子标准，评估会更有效。子标准本身也有权重，每个主要标准的子标准总和为 100%。在这个架构项目中，子标准是简短的陈述。ISSA 团队讨论和达成共识的过程中确定了权重。值得一提的是，另一种有效的方法是将子标准表述为问题而非陈述句。

图 8.2 显示了加权决策矩阵。共有六个高级别标准（可扩展性、可靠性等），每个标准都有权重，并分解为若干子标准。例如，“可靠性”的权重为 15%，并分解为两个低级子标准，其中“供应商卓越性”的子权重为 75%，“供应商可用性”的子权重为

利益相关者	标准	替代架构：设施设计顾问	灵活性顾问	人因设计顾问	运营组织设计顾问	研究与开发
员工、管理人员	人力资源的灵活性	0	0	0	0	0
客户，管理人员	项目定制的灵活性	0	+1	+1	+1	0
员工、管理人员	与当前能力的兼容性	+1	+1	0	0	-1
管理人员	新能力的适应性	0	+1	+1	+1	+1
客户，管理人员	对公司和客户的可负担性	+1	+1	-1	-1	0
客户，管理人员	服务的可复制性和可靠性	+1	+1	+1	-1	0
客户，管理人员	长期客户关系	0	+1	+1	+1	-1
员工、负责人	创新能力	0	-1	+1	+1	+1
员工	对当前和未来文化的吸引力	0	0	+1	+1	+1
	整体+1	3	6	6	5	3
	整体-1	0	1	1	2	2
	整体0	6	2	2	2	4
	整体得分	3	5	5	3	1
	总体可实施性得分	容易	容易/适中	适中/困难	适中	适中

图8.1 未加权的决策矩阵

25%（在“可靠性”的 15% 权重内）。

ISSA 团队没有使用“更好 - 相同 - 更差”的比较方法，而是采用了另一种方法，在这种方法中，按照 0（最差）到 5（最好）的评分标准对包括现有架构在内的各个架构进行有效性评估。团队的每个成员单独给出有效性评分，然后团队讨论并达成共识，确定五个架构（四个替代架构和现有架构）的每个标准的得分。

使用共识评分和权重，团队计算出加权平均值，然后根据计算出的平均值对架构进行排名。团队还分别评估了每个架构的实施风险和可转型性。这可以以量化的方式进行，也可以使用更定性的方式。ISSA 团队采用了后者，采用红绿灯颜色（绿色、黄色或红色）

					候选架构				
					现有架构	全部外包	回源外包	外包团队	流程负责人
标准	可扩展性	8%	允许增长的同时最大限度地减少复杂性	50%	3	4	2	5	4
			长期关系与协调	50%	2	5	5	5	4
	可靠性	15%	供应商卓越性	75%	3	4	5	5	4
			供应商可用性	25%	4	4	5	5	4
	可管理性	22%	使用绩效指标	50%	2	4	5	4	3
			促进沟通	50%	2	3	3	4	3
	灵活性	9%	对市场条件的反应能力	100%	3	5	0	4	4
	成本	24%	劳动力成本	40%	3	5	4	4	4
			隐性成本	20%	4	2	0	3	3
			实施成本	40%	5	0	0	1	4
	周期时间	22%	提高交付合规性	65%	3	3	5	4	4
			缩短设施交货时间	35%	4	3	3	4	5
					3.1	3.41	2.86	3.89	3.81
排名					4	3	5	1	2
风险和可转型性					√	×	×	★	√

图8.2　加权决策矩阵

进行标记。然后，评估团队可以在考虑所有因素——标准、子标准、排名、风险和可实施性的情况下进行更深入的讨论，以选择替代架构。完成的决策矩阵作为支持该讨论的良好可视化工具，用于与领导层讨论评估结果。

架构团队将经过一个密集的过程和一系列讨论，最终选择未来的架构。传达出为什么所选架构是“正确”的选择的背后故事可能是一项艰巨的工作。决策矩阵是向领导层和其他利益相关者展示这一决策的一个良好工具。这还可以通过其他简单的表示方式来增强故事的叙述效果。

我们发现一种非常有效的传达架构选择的方法是雷达图，有时也称为蜘蛛图。这使得在评估标准中每个替代架构的得分一目了然。根据实际结果，雷达图可能清楚地显示一个或多个架构在某些方面被其他替代架构主导，以及架构在某些方面相似。

展示简单的评估结果很有用，但也存在一个风险，即这会暗示决策是一个简单的过程。事实上，做出许多艰难的权衡是必不可少的。在选择未来架构时，一个重要的权衡是企业愿意花费多少努力来达到某个效率水平，以及愿意承担多少风险。[7] 存在多种架构权衡分析方法，并已在企业架构项目中使用。[8]

ISSA 团队发现，这个矩阵有助于与高层管理人员进行富有成效的讨论。架构 A（“强外包”）由于其较高的风险和实施难度，很快被排除。架构 B 和 C 看起来同样有效，但 B 被认为比 C 风险更大，实施所需的努力也更多。另外，架构 D 虽然效率较差，但更容易实施。然而，它有一些可扩展性限制，使得其风险比架构 C 更大。我们发现，另一种让评估结果生动起来的有用的可视化工具是某种形式的计分卡（scorecard）。计分卡是一个单页的简要总结，为观众提供评估得分和支持信息的快照。后者通常取自 SWOT 分析，尽管计分卡没有固定格式。计分卡中包含的信息简洁有力。

评估计分卡已被证明在展示每个替代架构的深度评估方面非常有效，提供了架构团队与利益相关者进行充分讨论所需的关键信息。典型的计分卡包括架构名称、简要描述、对标准的评分结果，以及一些附加信息，如选定的 SWOT 信息。计分卡按架构逐个展示评估结果。由于信息以统一的格式传达，计分卡可以并排放置并轻松比较。计分卡讲述了决策本身的故事。

选择未来架构

当分析足够完整，或者时间表要求在现有信息下作出决策时，就到了进行选择的时候了。这不是“转动摇把”就能作出决定那么简单。因为总是存在权衡，所以它总是需要专家的判断。

随着评估的结束，团队需要记录结果，以便与发起人和其他利益相关者分享。将经过数周或数月开发的复杂信息进行简明扼要地呈现是一项挑战。必须传达几个方面的信息，包括总体架构及其优势、用于评估的标准，以及所选架构与其他被考虑过的架构的比较。我们刚刚讨论的方法可以提供帮助，但还需要记录更多的理由。对于架构团队来说，编写正式的架构评估报告是一项良好的实践，其中应包括评估中应用的方法、阶段性结果以及评估的最终结果。

未来的架构确定下来之后，可以肯定的是仍会存在一些问题、不确定性和未知因素。在我们下一项活动，即第 9 章的主题中，这些问题大多数会通过评估一致性和作出调整的过程，以及通过指出更多细节来解决。任何剩余的未解决的关注点和问题将被记录在实施计划中。

决定未来架构

应用于您自己企业的练习：

- 审查您之前定义的所需企业能力，并给每个能力赋权，考虑指定子标准。
- 使用加权后的能力评估您的替代架构，如图 8.1 所示。
- 检查每个替代架构的实施风险和难度。
- 在不同场景下测试您的一流架构，如表 8.1 所示。

需要考虑的问题：

- 您是否已获得领导层赞助者对能力排名和评估方法的认同？
- 您是否在“极端”或不同的未来场景下测试了您的替代架构？
- 您的替代架构有哪些风险因素？
- 从现有架构到未来架构的转型过程中存在哪些问题？

第9章　制定实施计划

不做计划就是打算失败。　　　　　——艾伦·莱克因（Alan Lakein）

随着未来架构的选定，架构团队进入 ARIES 流程的最后一步。团队的最终交付成果是新的架构以及推进的计划。该计划提供了足够的细节，以便于实施，但不会过度限制实施者。

基于未来企业“是什么”的架构，团队需要制定一个实施计划。这个高级别的计划侧重于从当前状态转变为期望的未来状态所需的具体活动。尽管开始时很容易向计划中添加非常具体的相关实施细节，但架构师的角色是明确指出推进实施阶段所需的必要且充分的细节。该计划作为下一阶段转型的基础，涉及详细的实施计划和资源配置。

评估一致性并调整

计划步骤中的首要活动是评估战略目标、利益相关者价值、主要流程和衡量标准的一致性情况。虽然之前已经为当前企业进行了评估，但现在仍需要在企业预期未来的背景下评估其与未来架构的一致性情况。发现任何的差距和劣势是至关重要的，同时要在制定实施计划之前进行必要的调整。同样，识别强有力的关系也很重要，以确保团队在实施过程中保留并利用这些关系。

回想一下，我们在第 5 章中使用了一种称为 X 矩阵的方法。而现在，我们再次使用这一方法来评估未来架构的一致性情况。如有必要，架构内的一致性调整应尽早进行。这些调整预计不会太多，但可能需要标记一些事项，以便在添加细节时进一步审查。对于未来需要解决的差距和劣势，应在实施计划中确定具体的行动。

例如，假设利益相关者非常关注新产品的上市时间，但企业目前只衡量产品在发布前的开发时间。那么实施计划可能需要包括一个新指标，以解决产品发布时间的问题。毕竟，即使产品已经开发完成，也有可能因为劳动力短缺或生产延误等因素推迟上市。另一个例子是，假设企业正在进行转型以提高产品质量。未来架构包括改进的流程、基础设施和信息流。在某种程度上，产品质量依赖于主要供应商的表现，但对供应商流程的任何变化都不在此次转型工作的范围内。在这种情况下，供应商绩效管理可能会被标记为风险区域，然后可以开发相应的流程使影响最小化。

因为可能需要一些额外的细节来判断一致性情况，X 矩阵分析通常与架构细化并行。

我们现在回到第 5 章中的医疗诊所案例。其选择的未来架构是以社区为中心的，重点是通过向其特定社区提供最便捷的服务来创造价值。这一变化反映了在战略目标和利益相关者价值中添加了 X 矩阵中的“便捷服务”，如图 9.1 所示。此外，未来企业解决了战略目标与医疗成本和指标管理之间的不一致，以及指标与多个主要流程之间的不一致。架构师选择的新指标旨在解决这些问题，如图 9.1 所示。

将未来架构 X 矩阵与当前架构 X 矩阵（图 5.1）进行比较，揭示了在一致性方面所做的调整。这些调整对于成功实施未来架构以及实现企业的预期未来是必要的。

增加架构细节

细化架构需要更深入地思考每一个企业要素及其在实现过程中的交互。架构团队应重点关注增加的相关细节为“是什么”而非“如何实现”。后者留待设计阶段进行，由扩展后的团队引入相关专家来确定“如何实现”。例如，如果要运行一个新的测量报告系统，以支持更广泛的测量结果的收集和报告，架构团队不会在实施计划中指定购买特定的应用程序软件。相反，他们会列入一项活动，用于调查和选择这样的应用程序软件。

架构团队可能会发现有必要深入探讨一些具体的实施层面的想法。这是很自然的，但重要的是要回到概念层面，并尽可能对详细的实施项目和方法提出非正式建议，以作为计划的补充。架构需要以相对相同的详细程度描述所有要素，以保持架构设计的概念

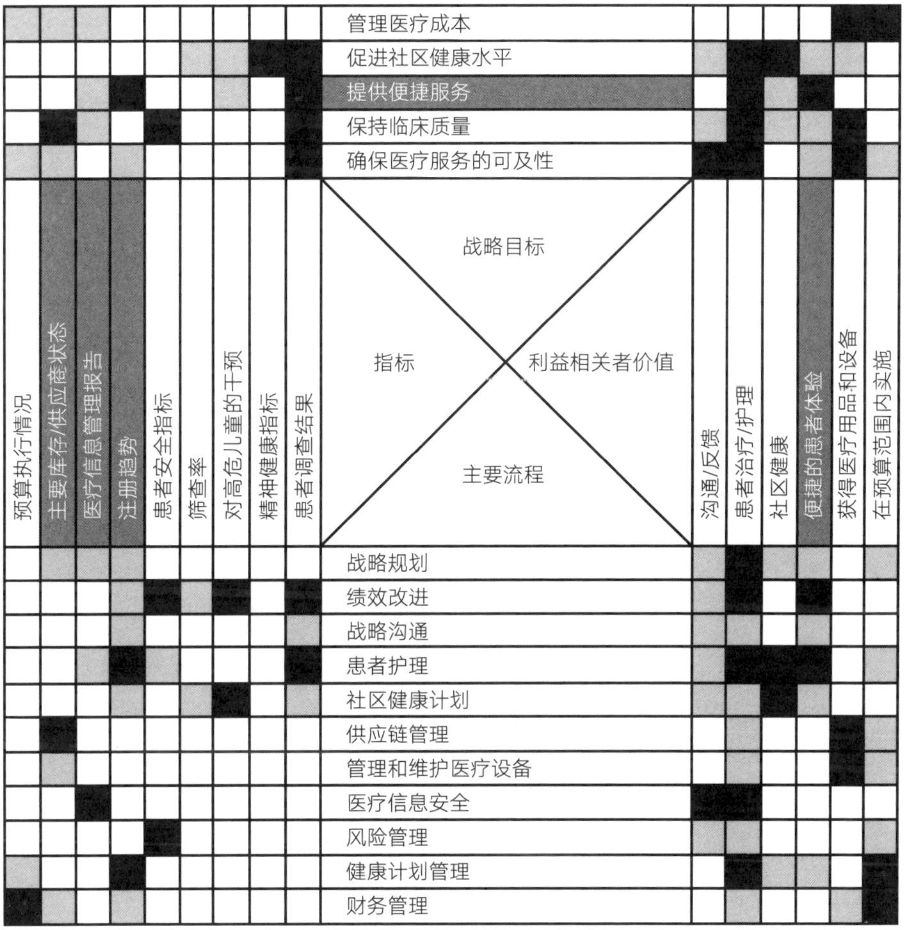

管理医疗成本
促进社区健康水平
提供便捷服务
保持临床质量
确保医疗服务的可及性

预算执行情况
主要库存/供应商状态
医疗信息管理报告
注册趋势
患者安全指标
筛查率
对高危儿童的干预
精神健康指标
患者调查结果

战略目标
指标
利益相关者价值
主要流程

沟通/反馈
患者治疗/护理
社区健康
便捷的患者体验
获得医疗用品和设备
在预算范围内实施

战略规划
绩效改进
战略沟通
患者护理
社区健康计划
供应链管理
管理和维护医疗设备
医疗信息安全
风险管理
健康计划管理
财务管理

图9.1　医疗诊所未来架构的X矩阵示例

完整性。[1] 在确定细节时保持层次的一致性也有助于了解要素的具体的相互关系。要素剖析对此非常有用。

使用要素剖析来增加细节

让我们回顾一下用于描述企业现状的要素剖析（第 5 章）。每个要素的结构都在现有架构中得到了记录。针对未来架构，我们再次回到要素剖析，这次是为了更详细地描述架构。使用要素剖析来详细说明未来架构的八个视角要素，可以促进深入的思考，并有助于描述的构建，以便了解与现有架构的差异。

我们建议按照第 7 章中讨论的顺序来详细考虑要素，尽管在实际任务中，各视角要素之间会来回切换。

战略要素是开始的地方。在描述新架构时，需要指出哪些是新的，哪些是与当前架构保持一致的。例如，业务模型是否保持不变，是否有所修改，或者是否发生了根本性的变化？企业的形式或类型是否有任何变化？例如，从有限责任公司转变为股份公司。企业是将具有全球影响力，还是会保持在一个国家范围内？

对战略要素的行为、文档资料或工件、衡量标准和周期性也以类似的方式详细说明。例如，考虑一个从有限责任公司转变为集团结构的企业，其架构无疑需要推动一些新的行为，如增加标准化；将需要制定新的文档资料或工件，如年度报告；可能需要将临时的衡量标准更加正规化，以便向董事会展示；为反映新的战略，X 矩阵分析可能会表明需要新的流程；支付奖金的管理激励措施可能会更改。虽然不需要完全重复现有的企业剖析结构和标记更改，但重要的是需注意任何保留的关键方面，以确保清晰。表 9.1 列举了战略要素剖析的信息类型示例，当然还有许多其他信息。

接下来考虑流程要素剖析，详细说明未来架构的流程要素的新的或修订的方面。然后是组织要素剖析。对于组织要素，新的架构可能具有功能结构，而当前结构是矩阵组织。组织中的层级可能会减少。任务轮换的周期可能会缩短。

在剖析流程和组织要素之后，将对新架构中的知识要素进行详细阐述。表 9.2 展示了一家大型全球企业的业务单元选择的未来架构知识要素剖析的摘录。

接下来是对产品要素和服务要素的详细说明，随后是信息和基础设施要素。在详细阐述未来架构时，并不是每个要素的所有方面都会发生变化。然而，要警惕任何可能引发需要调整给定要素或其他要素的变化。

要素剖析描述的完成，为未来架构提供良好的基线特征。随后需要进行交叉检查，以查找不一致情况和差距。一旦剖析细化完成，新架构将开始表现出丰富的特征，差距和未解决的领域变得清晰，从而可以制定策略以在实施过程中解决这些问题。

表9.1

战略要素剖析示例

剖析	战略要素示例
结构	商业模式
	形式/类型（如非政府组织、公司、政府机构等）
	全球与“本地”
行为	合作程度
	驱动业务绩效的激励措施
	符合/不符合共同愿景的行动
文档资料或工件	战略计划
	年度报告
	核心价值观列表
衡量标准	客户满意度指标
	市场份额百分比
	财务业务指标（如利润、投资回报率）
周期性	战略规划周期（通常为年度）
	战略计划的时间范围增量（如五年增量）
	企业变革的步伐

表9.2

全球企业未来架构的知识要素剖析示例

剖析	知识要素
结构	实践社区将被组织为正式团体，以在业务项目之间共享知识
行为	领导层将提供激励措施，以获取知识和最佳实践，倡导一种学习型组织文化
文档资料或工件	所有项目的“经验教训”报告将被数字化并存入现有的知识库中
衡量标准	业务单元将开始追踪每年的专利数量
	每半年测量一次关键技能差距
周期性	员工的能力/技能评估将每年进行一次
	企业招聘政策将每二十四个月重新认证一次

对比“现状”和“未来”剖析

通过比较现状和未来这两套剖析描述，可以突出当前企业架构与所选未来架构之间的关键差异。

表 9.3 对比了 I-Software Systems（一家商业软件产品公司）的现状与未来状态的组织要素剖析，比较清晰地展示了该企业未来架构的变化。

例如，反映管理层级减少和新的、更正式的项目协作机制的修订组织结构需要更改。请注意，软件发布决策审批时间的减少不仅可能是新组织架构减少了管理层级审批的结果，还可能对流程架构产生影响。同样，用新基础设施替换基于纸质的审批流程也可能是解决方案的一部分。在这种情况下，角色和职责可能需要重新调整。必须考虑这些类型要素的相互依赖性，以确保所有受影响的要素得到更新并保持一致。

表9.3

I-Software Systems的组织要素剖析

剖析	现有架构	目标架构
结构	按职能组织，具有正式的管理层级	基于项目的组织，配备职能职业经理
行为	鼓励协作，但以临时方式进行	在项目区域内形成自我导向协作集群
文档资料或工件	存在高层部门章程，但已过时	更新的章程，明确具体项目角色和职责
衡量标准	客户满意度通过半年一次的调查来衡量	客户满意度和员工满意度每年测量一次
周期性	软件发布决策审批周期为两周	软件发布决策审批周期为三天

细节考虑

可以使用各种分析和描述方法来说明架构的下一个详细级别。例如，我们参与的一些架构项目中使用了多里（Dori）的对象 - 过程方法论（Object-Process Methodology）。[2] 迈尔（Maier）和雷克廷讨论了一系列适用于系统架构的展示模型，这些模型同样也适用于企业。[3]

架构团队负责建立“框架”，而不是制定详细的实施计划。在此过程中，团队通常会想到一些实施的想法，应记录下这些想法以供将来考虑。然而，架构师的角色不是将这些实施细节编织到计划中。再次强调，架构团队在转型的初始阶段所制定的计划是明确未来架构“是什么”。在没有流程所有者和主题专家参与的情况下，架构师不会详述新的产品开发流程。同样，架构师也不会研究和选择特定的 PDM（产品数据管理）应用程序软件——这需要信息技术和工程领导力方面的专业知识。相反，架构团队的责任是确定新流程将以整合产品和流程开发为基础，而且新流程需要新信息技术的支持以实施产品数据管理。这是架构团队的决策级别。

架构师通常会参与但并非单独负责下一个阶段的转型工作。在这个阶段，扩展后的团队将定义“如何实现”。在这项活动中，企业可能会选择使用特定的工具来详细说明。这些工具可能包括平衡计分卡（balanced scorecard）、价值流图（value stream mapping）以及各种其他方法。这也是应用正式企业架构设计框架中的一个可能会有益的阶段。[4]

实施计划

现在，我们转向关键的实施计划活动。由架构团队制定的这一高级别实施计划具有重要意义，即获取在整个架构工作中所产生或获得的所有思考和知识。如前所述，随后的详细设计和实施阶段通常会涉及不同的人员——也许有一些但非全部的架构团队成员会继续参与。

作为架构过程循环的成果，制定一个强有力的实施计划对于保持连续性和未来的成功至关重要。很多时候，一个美好的新企业设计被创造出来后却被搁置一旁，或者因为架构缺乏从架构师到实施者的有效过渡而未能得到很好实施，未能实现预期的收益。

转型工作通常跨越一段相当长的时间，并涉及和影响企业中的许多人和部门。它往往挑战企业所熟悉的规范和文化。计划必须考虑在新架构实施过程中要实施的活动之间的依赖关系。它具体说明了各种活动内部以及活动之间的各种任务的同步。尽管在此期间领导层可能会发生变动，但该计划可作为在新架构实施过程中保持稳定进程的工具。

实施计划通常是分阶段的，以逐步落实架构。重大变革很少一蹴而就。通常，第一步是定义能够弥合现状与未来理想状态之间差距的关键项目。这些项目可能会被归类为关键的"关注领域"，例如信息技术系统、政策修订、流程调整、供应商合作和员工发展。指定的项目可能会进一步分解为子项目，以确保责任明确和努力有方向性。实施计划定义了所需资源，并设有切合实际的时间表和进度表。计划包括了所有这些项目的高级别进度表，以及相互依赖关系和关键路径。下一阶段的详细实施设计将进一步细化这些内容。

图 9.2 展示了一个分阶段的实施计划。在这个架构案例中，第一阶段是领导层参与阶段。它包括确保对新架构的广泛了解、认同和承诺的努力。下一阶段侧重于与企业专家举行一系列研讨会，详细说明架构的具体方面。在这个案例中，分别与运营、规划、工程和信息技术团队举行研讨会，随后进行联合研讨会，以整合各团队为关键实施项目制定的计划。第三阶段集中开展几项从联合研讨会中得到的试点项目。这些试点的结果用于第四阶段，即架构改进。在这个阶段，转型团队根据试点的结果对未来架构作出必要的调整。这项多年期工作的最终阶段为项目的实施，即未来架构的完全实现。

图9.2 分阶段实施计划的示例

有效实施计划的考虑事项

有效的实施计划需要考虑多个因素。首先，需要认识到设计和实施过程是迭代的，必须在过程中经常考虑并明确反馈。企业变革是持续进行的。一个好的实施计划必须考虑到学习、架构调整和具体项目的变化。转型活动必须与在大企业中可能正在进行的任何现有工作无缝衔接。例如，如果有计划中的或正在进行的局部改进活动，任何与新架构不一致的活动都必须调整或停止。

另一个考虑因素是如何在过渡期间保持企业的稳定。如果即将发生大量变革，应让企业分阶段进行调整。在重大企业转型中，企业需要有临时的稳定状态，以确保在不断变化中持续运作。

例如，企业在能够开发更具创新性的新产品或提升服务水平之前，可能需要建立必要的流程和信息技术基础设施。分阶段进行变革还可以让人们在舒适的变革节奏中逐渐适应新的工作方式。企业可能希望在进行进一步提升流程效率的大规模重组之前，向员工介绍新流程并获得他们的认同。

图 9.3 展示了一个高级别的转型路线图示例，说明了整体工作的全貌。它告诉我们，该企业为转型规划了三个主要阶段。每个特定活动都有编号标签（如 1.1），表明规划文件中讨论该活动的部分。我们可以通过人员图标和美元符号大致了解这些活动需要更多或更少的努力和资金（或可能对应实际的工时 / 资金水平）。此外，方向线显示了活动随时间推进的顺序。

为实现转型，每个计划都需要确保所需的人员、组织能力到位。经验表明，让人们参与设计变革过程会带来更好的创意、更大的承诺和更好的沟通。良好的规划工作需要花时间了解谁可能对变革有抵触情绪，并制定适当的缓解措施。使最高领导层保持积极支持非常重要，这能够促进其他层级领导和变革代理人的参与。

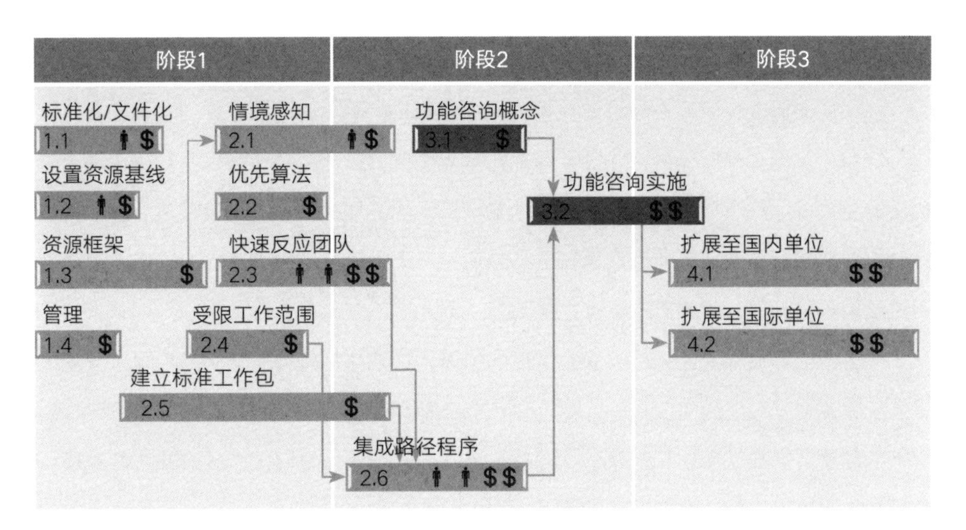

图9.3 转型路线图示例

计划内容

实施计划明确了各个阶段内的项目和活动、角色和职责、资源计划以及进度衡量标准。各个阶段以企业希望在特定时间内实现的预期成果为特征。在这些阶段中，活动的描述还包括对其成本和效益的分析。

大多数实施计划都是多年计划，因此这些计划按时间段划分企业的变革过程。计划包括从现状转变到期望的未来状态所需考虑的因素和步骤，以及管理监督。在多年期项目中，实施计划中的步骤通常与内部战略计划以及外部驱动因素保持一致。

领导层和管理的角色

企业通常对变革有很强的抵触情绪，但随着时间的推移，长期保持发展可能是一个严峻的挑战。当有说服力的领导者推动相关工作，以克服这种阻力时，转型效果最佳。这些领导者必须有明确的目标，具有作出正确战略决策的良好判断力，有效的沟通技巧以及激励他人行动的才能。最高领导层需要清晰地传达未来愿景，并动员各级领导参与转型，以确保凝聚力和连续性。此外，领导者还必须激励员工和其他利益相关者（如客户和供应商）参与变革过程。优秀的领导者可以在业务改进中发挥作用，而真正的企业变革依赖于具有远见卓识的影响力强的领导者。

成功的架构设计依赖于领导层在整个过程中的积极参与，而一个好的实施计划可以让人认识到，无论何时何地，各级领导都在发挥作用。最终，企业领导层有责任确保架构设计工作，以一个广泛传播并按照选定架构执行的计划为终点。领导者还应确保制定战略绩的效衡量标准，以衡量成功与否，并指出可能需要开展额外工作的地方。领导层的过渡需要设计，以确保实施计划的连续性。

大多数架构设计工作还必须受到管理的约束，管理与领导相关但并不相同。管理是提供战略监督以实现预期结果的结构（不论领导者是谁）。它包括确保一致的管理实践、统一的政策、指导、流程和决策。尽管规则是管理的重要组成部分，但需要注意的是，管理是为了提供支持，而不是制造障碍。

传达计划

一个有效的计划包括传达未来企业愿景及实现这一愿景的行动计划所需的时间和努力。企业领导层在制定这一企业沟通计划中起着关键作用。该计划必须具有足够的吸引力，以推动企业员工的认同和参与。该计划也可能需要部分传达给一些外部利益相关者，如客户、股东、董事会成员或供应商。该计划必须足够稳定，以确保这些外部利益相关者相信企业在从当前架构过渡到新架构期间将保持稳定，并且企业会因此变得更好。

这些传达工作涉及许多方面。首先，变革的理由必须是激励性的，明确列出战略目标。这决定了如何讲述“故事”，包括变革的理由和随之而来的好处。应分享对未来愿景的生动描述，并说明如何弥合当前企业与未来愿景之间的差距。当然，还必须考虑到在实施过程中需要全组织合作与协作的水平。管理计划必须让企业员工相信，有效的监督将不断取得进展，资源将得到控制，成功的项目实施将得到认可。计划将概述进度报告的频率和类型，报告既包括内部报告，也包括向外部利益相关者所作的报告。沟通的频率和方式必须与组织文化相匹配。我们的经验表明，使用多种沟通方式是非常重要的。这些多样化的机制可能包括新闻简报、视频、书面报告和演示、全体会议、社交网络媒体以及许多其他形式。至少要包含一种机制，允许频繁且持续的双向沟通，这对于展示领导层对企业成员参与的重视至关重要。同样重要的是，告诉人们他们是否能够参与变革，以及如何有机会参与变革。

有效的沟通让企业了解转型可能带来的预期结果，并传达企业成员为实现战略目标必须承担的责任。一旦完成这一任务，架构设计周期即告结束。最终的成果是未来的蓝图，它将指导企业走向预期的未来。

许多企业与我们分享说，这一蓝图是衡量未来决策的标准。他们会问以下问题：这个新创意如何符合我们的未来愿景，以及实现它的计划是什么？为了添加这个新项目，我们的实施计划还需要改变什么？

这并不是说计划永远不会改变，因为它确实会改变。应该与战略规划周期或生态系统中的重大变化相结合，定期地对架构进行审查。架构及其相关的实施计划的某些方面可能需要修订，以符合新的战略要求或不断变化的利益相关者需求。尽管它应该是一个

“活的”文件，但预期不会频繁发生变化。当需要进行更改时，重要的是重新审视所有视角要素及其相互关系，以确保一致性，并有效地向预期的未来转型。

制定实施计划

应用于您企业的练习：

- 根据图 9.1 所示，为您的未来架构创建一个 X 矩阵，重新调整战略目标、衡量标准、流程和利益相关者价值。
- 为每个视角要素作未来架构剖析（见表 9.2）。
- 确定、优先考虑并选择关键的转型项目。
- 为这些项目制定一个有时间顺序的计划，注意项目的衔接和相互关系。

需要考虑的问题：

- 绩效衡量标准和流程是否与新架构保持一致？
- 谁是转型计划的执行负责人？
- 谁是关键的转型团队成员和变革推动者？
- 是否应将转型计划分为若干阶段，以确保企业稳定？
- 转型实施的管理模型是什么？
- 沟通的机制和频率是什么？

第10章　LM 设备公司案例研究

我们新的基础设施是推动我们从制造到设计改进的质量流程的基础。

——LM 设备公司执行官

LM 设备公司（LM Devices，以下简称 LMD）是一家总部位于美国的医疗设备制造商。目前，它是 SynCo 集团的全资子公司，SynCo 集团是一家全球性的员工持股的合成材料公司集团。[1]

LMD 生产的医疗设备由原始设备制造商（OEMs）采购，这些原始设备制造商将这些设备集成到大型医疗系统中，出售给医院和其他医疗机构。尽管是全资子公司，LMD 在很大程度上独立运营，自负盈亏，但需要缴纳由母公司 SynCo 集团征收的公司税。LMD 享有作为全资子公司的某些优势，例如共享大型公司的服务部门。过去十年间，LMD 的医疗设备产品需求量很大，SynCo 集团认为 LMD 是整个企业中一个有价值且具有战略意义的业务单元。

然而，最近的市场挑战给 LMD 带来了机会也带来了一些困难，促使其需要进行转型。市场上出现了几家低成本竞争对手，给 LMD 造成了巨大的价格压力。公司开始意识到，它需要专注于特定的改进以支持其战略目标并遏制竞争。LMD 计划在三到五年内将其美国市场份额从 25% 增加到 50%，并将收入增加一倍。同时，LMD 希望实现三个具体目标：①在产品质量方面取得显著进步；②通过提高效率和减少研发支出占总收入的比例来提高盈利能力；③扩大公司的规模和能力，以支持市场份额和收入增长目标。LMD 的现有架构使公司达到了当前的成功水平，但它是否足以适应未来的愿景？经过深思熟虑，LMD 领导层决定，要实现这些目标，必须对现有企业进行转型。

项目启动

LMD 于 2009 年启动了转型，首先通过企业架构设计活动选择新的架构，以应对未来的挑战并利用新的机遇。其主要目标是有效应对市场预期中的巨大需求及由此产生的机遇。

LMD 的架构设计工作由一个囊括内外部成员的团队承担。团队首先与执行领导层会面，了解变革的需求和动机，随后广泛调查了当前公司的运营情况和新兴生态系统。之后，团队进行了利益相关者分析。由于这两项活动过于冗长，无法全面讨论，所以这里只概述一下。

生态系统

LMD 处于全球医疗器械生态系统中，跨越多个领域，如肿瘤学和心脏病学。随着人们对医疗保健的日益关注及对技术投入的增加，全球医疗设备市场正在增长。推动这一增长的一些因素包括主要市场的人口老龄化、新兴市场的崛起以及发展中国家收入的增长。不出所料，LMD 在其生态系统中面临的最重要的外部因素是对医疗器械制造商的监管要求。这些要求随着时间变化，并且因产品销售和使用的国家不同而有所不同。

LMD 的收入中有 80% 到 90% 来自其约 100 个客户中的前五大客户。有趣的是，LMD 的一些客户在某些产品线上也是竞争对手。LMD 与几家原始设备制造商客户建立了专有关系，使该客户成为特定产品的唯一购买者。然而，这些客户通常允许 LMD 将产品出售给其他客户非竞争性应用。例如，如果 LMD 向一家不使用该设备生产肿瘤产品的公司提供设备，那么 LMD 可以将该设备出售给将其用于肿瘤产品的原始设备制造商。

利益相关者分析

一旦团队牢牢掌握了企业的环境（包括 LMD 内部和更大的生态系统），他们就开始详细的利益相关者分析。LMD 有五大主要利益相关者群体：

- 客户：购买设备并集成到系统中的原始设备制造商。
- 终端用户：使用设备的患者和医院（作为更大系统的一部分）。

- 股东：在 SynCo 集团工作超过一年的员工。
- 员工：在 SynCo 集团工作不到一年的员工。
- 供应商：原材料供应商。

架构团队使用了多种数据收集方法，包括利益相关者访谈、文档审阅和一般产品市场研究。对利益相关者的访谈包括组织内各职能领域（产品开发、运营、质量管控、市场营销、销售和人力资源）的负责人，以及 LMD 的高级管理人员。初步访谈用于评估是否需要对各职能领域内的其他员工进行额外访谈。还对 LMD 外部的选定客户和供应商进行了访谈。后者被认为非常重要，因为 LMD 一直以长期合作伙伴关系为荣。

架构团队分析了企业主要利益相关者如何看待 LMD 的价值交付水平（从低到高），以及其领导层对这些利益相关者相对重要性的看法。这在图 10.1 中有所体现。

这种利益相关者价值比较为团队带来了许多见解。人力资源部门被认为对企业非常重要，但未得到相应的重视。他们观察到人力资源部门只有一名员工，显然不足以满足 LMD 的需求。为了增加市场份额并扩展业务，员工招聘、保留和发展将是关键因素。一个只有一名员工的人力资源部门将无法应对 LMD 面临的业务快速增长需求。

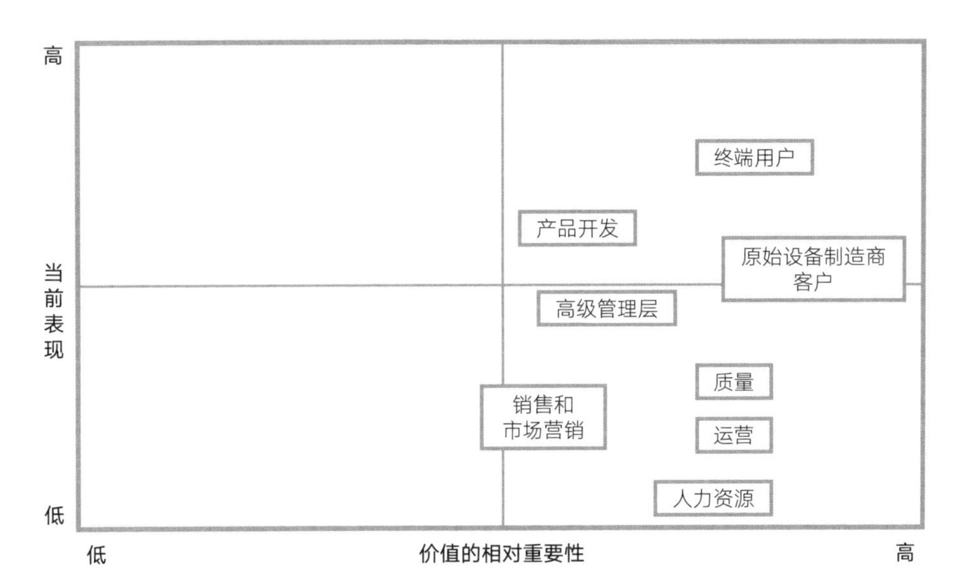

图10.1 LMD利益相关者相对重要性与价值交付比较

运营部门在努力满足客户需求的同时，也面临多种产能问题。质量落后于竞争对手，也无法满足客户需求。企业对利益相关者的价值交付必须增加，以达到战略目标。此外，需要略有减少对产品开发和研发投资的重视程度，以便专注于如质量、运营和人力资源的其他领域。

一旦生态系统调查和利益相关者分析达到向前推进所需的范围和细节，团队开始通过八个视角要素调查企业。让我们快速了解一下团队对这些要素的现状分析。

当前架构

战略

LMD 的战略涵盖了之前提到的增长、质量、盈利能力和可扩展性目标。在获取当前架构的过程中，我们发现了关于战略与实现这些目标所需的运营之间的一致性存在一些不确定性。例如，现有的业务运营是否能够支持预期的收入增长水平？LMD 是否应该考虑收购？未来的架构需要将战略与实现目标所需的组织结构相结合，这是架构团队在未来工作中需要注意的事项。

流程

作为科学仪器制造商，LMD 受制于许多行业标准，这些标准也推动了其制造流程的发展，因此这些流程定义明确且有据可查。然而，在制造领域之外，每个职能领域都制定了各自的流程以满足其特定需求，很少在不同的职能小组之间共享。因此，流程要素显示，几乎没有统一的定义或文件存在。尽管收集绩效数据，但没对这些数据进行有效分析，这意味着无法根据数据采取行动。随着 LMD 的增长，这将成为一个问题。差距分析显示，需要一种新架构来标准化工作实践，以提高效率和一致性，其中包括建立流程来利用收集到的数据提供的信息。这将需要与信息技术基础设施的变革紧密结合。

组织

在项目期间，LMD 总共雇用了 120 名员工。其中约 60% 为直接劳动力，40% 为间接劳动力。职能包括产品开发、运营、质量管控、市场营销、销售和人力资源。跨职能协作主要通过定期会议（如组长之间的每日站会）进行。通过管理层跟踪“领先绩效指标”以及通过外部基准组织和直接的客户反馈来量化组织绩效。详细的激励结构将每个员工的薪酬与组织绩效和个人生产力联系起来。领导层将文化描述为富有同情心和平等主义。这种文化的一个表现是所有桌面办公的员工都在隔间工作，而不是办公室，以促进这种文化。尽管如此，也有意见认为这种文化有时缺乏责任感和创新思维。此外，企业内部普遍存在对冲突的规避。分析显示需要应对组织中出现的孤岛效应。领导层希望在公司增长过程中设计一种包含某些行为的文化，尽管尚未定义具体的期望行为。作为未来愿景的一部分，领导层需要确定希望鼓励的文化行为，并制定具体机制来促进和激励这些行为。

知识

LMD 的知识主要存在于部分员工之中。其通过在职学习并根据需要与其他员工共享工作实践。管理层观察到一些“知识囤积”的情况，即员工不愿完全公开他们认为自己为组织提供的独特价值的信息。几乎没有正式的知识记录和传递方法。因此，公司员工流失有时会导致知识丧失，这是领导层希望减轻的问题。此外，缺乏正式的开发流程文档记录也阻碍了效率的提高，因为在后续开发周期中未必能获取和纠正经验教训。架构团队指出，积极的增长目标需要有效的知识管理，以提高开发效率，并维护知识和向新进员工传授知识。此外，未来状态文化需要确保知识在组织内自由流动，以提高速度和灵活性。

信息

LMD 产品的客户群是大型医疗系统的原始设备制造商，这些原始设备制造商购买设备并将 LMD 设备集成到医院和治疗中心使用的更大型医疗系统中。因此，LMD 需要掌握原始设备制造商系统的最新信息，包括质量问题和计划的改进。为了在市场中保持地位，了解竞争对手的产品和定价信息是必要的。公司必须持续监控其业务所在国家的监管要求和预期的政策变化。当前的企业调查显示，销售和市场营销部门每周在会议上分享收集到的大部分信息。然而，信息的综合和跟踪并没有达到领导层所期望的结构化水平。LMD 依靠 SynCo 集团提供的与监管相关的信息，每月共享一次。团队发现，有几次，月度信息更新周期对产品决策来说太晚了，而这导致了一些返工。

基础设施

LMD 在美国东北部和另外两个国家设有生产设施。由于生产高度自动化，美国的生产成本相对较低。非美国地区的自动化程度较低。LMD 主要利用其母公司的信息技术基础设施和系统。缺乏适当的信息技术系统（如产品生命周期管理系统和企业资源规划系统）被认为是产品开发和人力资源的一大障碍。由于公司的增长目标依赖于效率和生产力的提高，而这两者都需要有效的基础设施，这一要素揭示出 LMD 可能需要在一定程度上将其信息技术与母公司分离并根据具体需求进行调整。

服务

强大的客户服务被认为是 LMD 持续成功的关键要求。与顶级客户的关键关系在过去十五年里相对稳定。然而，管理层一直担心这些关系在未来可能会受到威胁。因此，LMD 努力实现高标准的准时交付和产品质量。客户满意度通过直接反馈和外部基准测试公司进行跟踪。尽管医疗器械行业对质量要求很高，但 90% 的客户投诉仍与质量有关。

产品

LMD 专门设计和制造用于更大型医疗系统的小型医疗设备（组件）。这些设备不能作为独立产品使用，必须由原始设备制造商集成到更大的系统中。LMD 有四条主要产品线。原始设备制造商客户通常将 LMD 提供的产品视为大宗商品。然而，由于竞争对手无法复制 LMD 产品的质量和可靠性的水平，这些产品以非大宗商品的价格销售。LMD 还通过其创新和产品开发脱颖而出，因为竞争对手很难复制其产品，这使得其产品成为非大宗商品。产品要素调查揭示了公司战略目标与为实现这些目标而制定的战术之间存在不一致。LMD 的收入增长目标包括大幅增加新产品收入的比例，而其盈利目标的一个组成部分是大幅减少研发支出。在就未来愿景达成一致之前，领导层需要评估这两个目标的兼容性。

随着这部分架构工作的结束，LMD 架构团队对过去十年的历史和趋势有了很好的了解。对企业当前状态也通过十个要素进行了调查，并对八个视角要素进行了剖析（结构、行为、文档资料或工件、衡量标准和周期性）。表 10.1 提供了 LMD 现有企业知识要素剖析的示例。

架构团队将企业现状分析编纂成报告，分享给领导层和主要利益相关者。该报告提供了一种机制，以验证与相关利益相关者的现有描述。同时，也有助于提高利益相关者清楚了解架构团队在调查过程中所分享的信息和观点的信心。

表10.1

LMD公司现有企业知识要素剖析

结构	· 知识存在于组织孤岛中，而不是共享的 · 知识存在于同行群体中，而不是实践社区中
行为	· “部落知识”通过实践传递 · 观察到一些“知识囤积”现象
文档资料或工件	· 对所积累知识的文档记录很少 · 经验教训仅存在于个人工程笔记本中，放在办公桌抽屉里
衡量标准	· 每年的专利申请仅由母公司跟踪 · 缺乏激励知识共享的措施
周期性	· 知识转移的速度受员工流失率影响 · 每年为销售团队提供产品改进方面的培训

转型愿景

架构团队与 LMD 领导层合作，确定了实现公司战略目标所需的四个关键要素，这些要素对于达到企业期望的绩效水平至关重要。这四个要素是：①通过研发功能创建广泛的产品知识，并使隐性知识更加显性化（知识要素）；②拥有独立于母公司的信息技术（基础设施要素）；③精简某些流程并使其他流程规范化（流程要素）；④消除孤岛效应（组织要素）。

评估标准

考虑到未来企业的愿景，架构团队决定采用五个标准来评估替代架构。

（1）灵活性。LMD 需要灵活的劳动力，多样化的经验使员工能够分配到各种项目。LMD 还应在决策方面具有灵活性，以便根据其具体需求而非整个公司的需求作出决策。

（2）可扩展性。LMD 必须具备可扩展性，以达到领导层设定的收入目标，无论是在设施方面还是在劳动力方面。随着工厂满负荷运转，设施必须在不久的将来进行扩展，以允许增加产量和产品供应。LMD 还必须通过新的产品供应实现收入目标，这可以通过各种方法实现，包括通过研发支出进行内部增长或收购外部公司或产品线。

（3）质量。对于任何医疗保健业务来说，质量都非常重要，因为公司的行为可能导致患者受伤或死亡。目前，LMD 管理层认为产品质量需要显著改善。除产品质量外，客户的服务质量也很重要，包括准时交付。LMD 有向客户晚交货的历史，这对客户和患者来说可能是非常糟糕的。

（4）适应性。适应性很重要，因为 LMD 需要适应医疗设备不断变化的环境，包括市场需求和食品及药物管理局（FDA）法规。此外，LMD 必须能够在组织上适应其规模的显著增长，否则企业将变得越来越低效，利润率将受到影响。

（5）创新性。LMD 必须继续保持其创新性，以创造尖端产品，使其在医疗设备市场上保持竞争力。创新性是 LMD 业务的重要组成部分。LMD 还需要在流程上进行创新。这将有助于提高内部流程的速度和效率，从而降低成本。

替代架构

在完成概念生成研讨会大约一周后，团队开始开发替代架构的活动。在为期两周的几次半天会议中，团队开发了五种替代架构，这些架构被认为能够实现企业的战略目标和未来愿景。

这五种架构旨在解决企业现状的不足之处，其中一些架构解决了关于主要视角的各种问题。鉴于它们的重要性，团队特别关注组织、知识、流程和基础设施要素。

替代架构 1：通过收购实现增长

LMD 的一种选择是通过收购另一家医疗器械公司来实现公司增长。这次收购可以用于增加现有产品线或提高生产能力以满足客户需求。然而，不同公司文化的整合可能会给 LMD 带来问题，因此需要找到一家文化相似的公司。这种架构可以提供快速实现增长目标的途径，并可能开辟新的产品线。以下是该架构的视角分析：

- 组织：不同的企业文化可能会带来问题。
- 流程：需要对流程进行标准化。
- 知识：将增加整个企业的知识。
- 基础设施：可以利用被收购公司的基础设施。

替代架构 2：增强对母公司的独立性

尽管 LMD 确实从母公司获得了一些自主权，但它可以通过获得更多资本支出决策权来寻求进一步的独立性，例如使用适合 LMD 具体需求的新基础设施。这种架构的一个缺点是 LMD 可能需要为目前从 SynCo 集团获得的一些共享服务支付更高的费用。以下是该架构的视角分析：

- 组织：LMD 仍需向 SynCo 集团报告，因此会受到一些限制，也会获得持续的利益。
- 流程：需要创建一些 LMD 特定的流程。
- 知识：LMD 需要创建内部知识，以支持其独特的流程和基础设施。
- 基础设施：LMD 可以获取自己的信息技术基础设施，以满足其特定需求。

替代架构 3：从母公司剥离

这是相比前一种替代架构更为极端的版本，从 SynCo 集团剥离将要求 LMD 作为一家完全独立的公司存在。这种架构将赋予 LMD 完全自主经营公司的权力，并可能在物理上与 SynCo 集团完全分离。然而，LMD 需要为目前由母公司提供的许多服务开发新的流程。以下是该架构的视角分析：

- 组织：可以更快速地作出招聘和解雇决策。
- 流程：在取消共享服务后需要新的流程。

· 知识：LMD 需要创建内部知识。

· 基础设施：LMD 可以购买适合产品开发公司的信息技术系统。

替代架构 4：通过增加研发实现增长

尽管 LMD 总裁认为目前的研发支出水平过高，但公司希望实现的战略目标之一是从新产品的引入中获得更高的收入比例。这种潜在架构探索了利用 LMD 作为创新者的能力以驱动其战略增长目标的可能性。以下是该架构的视角分析：

· 组织：随着收入增长，允许研发扩展。

· 流程：促进有效的产品发明和开发流程的制定。

· 知识：可能需要培养新类型的知识。

· 基础设施：对基础设施的影响较小。

替代架构 5：跨职能产品团队

为了解决 LMD 目前在部门孤岛效应方面的问题，并为未来增长做好规划，这种替代架构旨在重新组织当前的团队结构，使每个核心职能小组的人员在一个特定产品上共同工作。因为团队能够更无缝地协调他们的工作，这种架构不仅旨在消除知识和信息的“孤岛化”，还能促进沟通，最终使 LMD 受益。需要制定一些新流程来支持这一工作。以下是该架构的视角分析：

· 组织：从职能导向的组织转变为项目导向的组织。

· 流程：需要更新流程以反映跨职能团队的情况。

· 知识：隐性知识将更容易在公司内部传播。

· 基础设施：可能需要调整设施以便团队共同工作。

评估与选择

在开发了五种替代架构后，团队进入了评估阶段。他们使用了加权决策矩阵，该矩阵是基于所选评估标准开发的。根据对 LMD 利益相关者进行的调查，对五种关键企业能力（灵活性、可扩展性、质量、适应性和创新性）分配权重。根据子标准对主要标准的影响，也给子标准分配了权重。随后，对五种可能的架构进行了评分，评分范围为 1 到 5，1 代表在满足标准方面没有或几乎没有影响，5 代表在满足标准方面的最佳影响。

团队进行了额外的压力测试，以确定在不同权重设置下的结果是否会在可行的替代方案范围内产生不同结果（即所有五种“能力”都有一个团队认为可行的上限和下限的权重范围）。然而，每次运行都产生了类似的结果，三种替代架构——增强对母公司的独立性、通过增加研发实现增长和跨职能产品团队——始终得分最高。在这一点上，团队将用评估工具的结果作为选择未来架构的参考。

此外，团队为每个替代方案生成了架构记分卡，使用 SWOT 分析作为基础。还进行了非正式的未来验证会议，以探讨在未来十年内 LMD 的生态系统可能发生变化的情况下，这五种替代方案的表现。

选定的未来架构

在评估之后，团队将两种架构（增强对母公司的独立性和跨职能产品团队）结合成一个混合解决方案。这将落实跨职能产品团队，同时实施更好的信息技术基础设施，用于设计和制造。后者还将提供一定程度的独立性，使之脱离母公司。基于每种架构的优势，LMD 可以通过建立跨职能团队并通过改进的基础设施消除沟通障碍并增加知识流动。一旦选定了混合架构，团队使用 X 矩阵方法（第 9 章）核查战略目标、利益相关者需求、流程和衡量标准的一致性。结果发现了两个差距，并在实施计划中加以考虑。通过与相关领导和技术专家的讨论，详细制定了选定的未来架构。团队使用要素剖析来引导讨论，并编写了一些详细的视觉和文字说明。

实施计划

基于未来架构和在调整和细化活动中获得的知识，团队制定了一个三阶段的实施计划。第一阶段涉及两项关键活动。一项是组建跨职能团队并创建支持这种新组织模式的流程。另一项是 LMD 就通过基础设施变更获得独立的详细事宜进行谈判。这还需要改变某些受影响的项目，如政策、程序和报告协议。团队预计这一阶段将耗时十二个月，两项活动将同时进行。

第二阶段集中在使用 LMD 自己的信息技术基础设施，使其能够独立管理设计和制造流程，而不是依赖 SynCo 集团的基础设施。团队预计这一阶段将在十二个月内结束。然而，值得注意的是，这是一个具有进度风险的目标，因为基础设施的转换可能相当复杂和漫长。

第三阶段计划耗时六个月，涉及新信息技术的广泛的员工培训、数据迁移和新系统的上线。这项活动包括评估基础设施的使用情况和正面影响的新措施。

推动如此大规模的变革计划需要自上而下的支持。为了确保成功，LMD 管理层建立了一个企业管理结构来核准该计划并监控其实施。此外，成立了一个领导委员会，每月开会以确保详细的实施活动得以完成并根据需要进行调整。还制定了一个沟通计划，以争取对新架构的支持，并向利益相关者（包括 SynCo 集团领导层）通报情况。

尾声

在架构工作完成十八个月后，LMD 最终选择了一个一流的商业信息技术平台。计划在其所有制造场地进行部署，提供从制造到集成产品设计质量流程的新能力。LMD 正在实施新软件平台提供的全套功能，以能够广泛了解性能和问题。

第11章　七大架构必要条件

“每一座建造良好的房子都始于一个明确的目的和一套明确的计划，这些计划本质上就是一组蓝图。”

——拿破仑·希尔

我们希望现在您已确信，架构设计是所有重大转型计划中绝对必要的一部分。我们相信，有效的架构设计是转型变革整体成功的关键决定性因素。通过架构设计可以作出更为明智的决策，并增加实现企业转型潜在收益的可能性。

七大架构必要条件

作为转型的控制指标，我们提出了七大架构必要条件（表 11.1），这些条件是在我们与各种类型、规模和使命的真实企业合作中形成的。虽然每家企业可能不会选择完全实施我们描述的架构流程，但我们强烈建议，无论企业选择何种路径来设计转型蓝图，都应该遵循这些必要条件。

1. 将架构设计作为转型过程中的初始活动

有人说，设计转型计划类似于城市规划的任务。当企业的某一部分正在发生变革时，它几乎肯定会直接或间接地影响其他部分。企业作为一个整体必须在转型过程中继续有效运营。在这种复杂和动态的情况下，架构设计提供了一种探索可能性的手段。

转型往往是对其生态系统变化所带来的紧急且可能意外的影响的回应。也许一项颠覆性技术突然改变了利益相关者的价值观，或者在某个国家的贸易市场突然开放或关闭。

表11.1

七大架构必要条件

1. 将架构设计作为转型过程中的初始活动
2. 全面了解企业环境
3. 了解利益相关者的价值及其未来可能的变化
4. 使用多种视角来看待整个企业
5. 创建适合转型挑战的架构团队
6. 吸引各级领导参与转型工作
7. 为企业所在的不断变化的世界进行架构设计

面对经济条件或监管因素的剧变可能需要迅速采取行动。面对这种压力，企业的自然反应是立即开始实施变革。然而，这几乎总是一个错误，会导致错误的开始和资源的浪费。

我们倡导使用架构设计方法，以在全面考虑的基础上为未来的企业选择最佳架构。要做到这一点，就必须设想出多个替代方案，并根据精心挑选的、无偏见的标准对这些方案进行系统的权衡。在整个转型的早期阶段花费时间是非常值得的。

架构设计方法提供了一套结构化的流程活动，以引导架构团队开展这项与其说是科学不如说是艺术的活动。它扩展了创新发生的空间，增加了利益相关者之间有效沟通的机会。架构设计流程有助于降低风险，并识别可以利用的当前和未来的机会。未来企业的计划基于现有的优势，并弥合当前能力和预期能力之间的差距。最重要的是，在转型过程开始时应用架构设计方法显著提高了选择“正确”未来企业架构的概率。架构设计的力量在于生成和评估替代方案，而不是过早地得出解决方案。

2. 全面了解企业环境

企业环境既包括企业内部的，也包括外部的，后者被称为企业生态系统。一个常见的错误是假设环境是已知的，因此没有必要花时间调查和获取这些知识。然而，环境总是在变化，架构师的知识必须与时俱进。此外，根据我们的经验，任何一个人都很少有全面的观点，可能会产生错误的假设。在进一步开展工作之前，必须花费时间和精力确保架构团队对企业的内部和外部环境都有了解。这不仅仅是一般性的调查，更是专门针对转型范围内的具体事物进行的调查。

如我们在第 3 章中所讨论的，内部环境包括理念、核心价值观、能力和战略意图。一般来说，这种内部环境提供了坚实的基础，在转型中保持相对不变。我们说相对不变是因为转型可能直接针对一个新的战略意图或企业中尚不存在的预期能力。范围和边界决定了内部环境结束的地方和外部环境开始的地方。了解这些边界是至关重要的，因为它们决定了哪些属于企业可以控制的内容以及哪些在很大程度上是制约因素。

企业的生态系统是一个活的系统。它包括所有相关的组成部分（其他企业）及其不断变化的相互关系。生态系统可以通过环境因素（包括政治、监管、经济、市场、技术、资源、环境和人口因素）来表征。了解这些因素中不确定的潜在影响可以在选择既适合现在又适合未来的架构时作出更好的决策。正如我们之前讨论的那样，转型的触发因素往往是企业生态系统中一个或多个背景因素的变化。要在转型中繁荣，也许生存，企业必须适应其生态系统的变化，并能够应对环境和利益相关者需求的转变。

3. 了解利益相关者的价值及其未来可能的变化

满足利益相关者的需求和愿望是企业存在的核心。然而，我们一次又一次地看到，利益相关者并不总能明确表达他们的需求，因为他们自己可能并不了解有哪些可能性。他们可能不会考虑当前时间框架之外的需求，又或者不会深入思考。这正是我们采取以价值为导向的方法的原因。了解利益相关者真正重视的是什么，以及企业目前在多大程度上实现了这种价值，这是至关重要的。反过来，必须确定企业需要从每个利益相关者那里获得的价值，以了解完整的价值交换。了解价值差距为架构师提供了有关企业必须在何处进行变革的关键信息。预测利益相关者价值在未来可能如何变化，有助于做出架构决策。

正如我们在第 4 章中讨论的，以价值为导向的方法的第一步是识别主要的利益相关者，并了解利益相关者在企业价值交付中的优先级。不同的利益相关者往往重视不同的事物，这些价值可能会被整合或不会被整合。将利益相关者的价值理解为独特的信息集合，有助于引发在企业战略中作出艰难决策所需的对话。有时需要平衡相互冲突的需求，作出艰难的选择。必须理解当前存在的利益相关者价值，以解决价值差距问题。架构师必须考虑在特定的转型工作中如何保持和提升价值。

正如不断变化的生态系统一样，利益相关者的价值也会随着时间和环境的变化而变化。例如，在经济繁荣时期具有吸引力的东西在经济衰退时可能就没有吸引力，重要的是要密切关注这一点。对当前和未来期望的利益相关者价值作出不知情的假设是有风险的，可能导致在转型过程中作出不适当的决策。

架构团队需要尽最大努力了解利益相关者的相对重要性以及企业当前在他们重视的方面的表现。可以识别出差距，并且可以辨别出预期的（包括积极的和消极的）价值变化。并不是所有的差距和价值变化都能被接受，因此了解利益相关者的重要性可以指导需要作出的艰难决策。

4. 使用多种视角来看待整个企业

企业的复杂性使得我们只能尝试通过了解其各部分的视角来了解它。然而，只有在整体背景下，才能真正了解这些部分。通过研究，我们得出了十个要素，这些要素已在第 2 章中作了介绍，作为了解整个企业的基本视角。生态系统和利益相关者是前两个要素。其余八个是我们所说的视角要素。这些视角要素包括战略、流程、组织、知识、信息、基础设施、产品和服务。在架构设计流程中，这些视角要素中的一些会驱动其他视角要素。在某个特定的转型计划中，某些要素可能比其他要素更为重要。

这十个要素的组合虽然必要，但还不足以全面描述一家企业。必须对这些要素进行综合分析，而不是单独分析。八个视角要素作为透镜，用于感知整个企业的独特方面。整体思维涉及理解这些要素的连接和相互关系，通常是转型的高杠杆点。

5. 创建适合转型挑战的架构团队

为架构设计工作创建一个最佳团队的重要性，怎么强调都不为过。每次转型都是独特的，必须仔细考虑创建一个能够有效应对特定转型需求和挑战的架构团队。架构设计涉及在不确定和不完全掌握知识的情况下作出决策。团队需要能够在这些条件下协同工作的人。

组建一个好的架构团队有几个关键方面。有些与团队的运作方式有关，而其他方面则与构成团队的个人特征有关。企业架构师必须能够在组织的各个层面轻松开展工作。

首先，架构团队成员需要代表主要企业利益相关者的多样性，而且必须有激励措施让成员作为一个团队工作。通常，理想团队的组成在代表企业的专业领域和能够超越各自专业视角、从整体上思考企业的人之间取得平衡。

构建视野广阔的团队的极佳方法之一是让拥有多个企业职能领域经验的人加入，至少有一名团队成员能够从各种利益相关者的角度看问题。因此，在创建企业架构团队时，必须考虑应该代表企业的哪些部分和哪些利益相关者，以及团队成员应当完全来自企业内部，还是由企业外部的架构专家组成，抑或是内外结合。虽然我们见过每种模式都成功地被采用，但我们的经验表明，团队中至少应包括一名来自企业内部的成员。

每个企业架构团队都需要一位指定的领导者，这个人能够战略性和整体性地思考问题。被选为企业架构团队领导者的人需要了解企业高层领导的战略意图，能够将它与企业的多个要素关联起来，并将其转化为企业的多个要素。团队领导者必须对未来的可能性保持开放的心态，同时也要立足现实。

6. 吸引各级领导参与转型工作

架构设计源自企业的最高层，并由战略考量所决定。因此，它依赖于负责企业战略的企业领导者的积极参与。各级领导都在其中发挥着作用，确保架构团队在进行调查和创造性工作时具备所需的条件和获取信息的权限。当领导层参与不足时，我们一再看到，架构团队会失败。例如，未能让中层管理人员参与，导致了许多转型的失败。

通常，那些热情参与企业架构设计的高层领导往往是在面临“燃烧平台”（burning platform）时感到迫切需要采取行动。“燃烧平台”是一个商业术语，强调由于紧急情况而需要立即和彻底的变革。事实上，没有“燃烧平台”，企业架构师可能会被“烧伤”。因此，领导层必须为架构团队的工作提供组织可见性，并展示他们对整个企业的坚定承诺。

每一项架构设计工作都需要领导层的参与。最终，企业最高层的领导必须对未来企业的愿景及实现这一愿景的计划拥有自主权并承担责任。然而，企业领导很少有时间单独开展企业架构活动。企业需要一支了解变革战略要务的值得信赖的团队，并能够集体代表那些将受到转型影响的利益相关者。架构团队的有效性依赖于与企业领导团队的接触和合作关系。

企业领导为架构团队提供支持环境。他们与团队合作，确保关注正确的目标，并赋予团队必要的决策权。领导者确保架构工作与战略目标和政策一致，并在必要时指导这些目标和政策的修改。他们要求分配充足和适当的资源，包括人员、资金、获取信息的途径，甚至一些分析和建模工具。领导层必须为架构团队提供接触外部利益相关者的机会，以了解他们对企业未来方向、制约因素和“必须具备的条件”的看法。成功依赖于领导层的积极参与。

7. 为企业所在的不断变化的世界进行架构设计

转型需要时间来规划和实施。同时，企业周围的世界——其更大的社会、政治、市场和经济环境——将会发生变化。利益相关者的价值观可能会改变。竞争对手可能会增加。政策可能会变化。市场可能会开放或关闭。如果架构师假设世界是静态的，那么他们设计的架构将只能满足过去的需求。

太多的转型计划是在没有考虑企业存在于不断变化的世界中的情况下设计的。随着时间的推移，环境（经济、政治、监管、市场、技术、人口等）发生变化，利益相关者的需求也随之改变，这对企业产生了影响。有时，这种影响是积极的，为企业的发展和经济效益创造了新的机会和条件。其他时候，这些变化可能对企业产生负面影响，威胁到其绩效甚至未来的生存。设计一个适合预期未来的企业，需要有前瞻性的视角。架构策略的制定应考虑企业世界可能发生的变化。长远的眼光是制定策略的必要条件，这些策略将使企业能够在变化中保持稳定并作出响应。虽然我们无法确切地预知未来，但有时我们可以预见生态系统可能发生的变化。在这种情况下，我们可以将企业设计得稳健和能够适应这些变化。

并非所有的不确定性都可以提前预测。因此，架构需要尽可能设计得适应环境和利益相关者价值观的意外变化。面向未来的技术可以帮助架构团队在面对不断变化的世界时生成和选择良好的架构。如果不这样做，最终的企业架构可能在今天的世界中是可行的，在明天的世界中却不适用。鉴于企业转型项目投资巨大，生成的架构需要经得起时间的考验。

结束语

在将企业架构从其信息技术和流程密集型实践的传统拓展出去方面，已经取得了重大进展。架构框架、标准、建模语言和工具方面的创新不断涌现。然而，只有在选择一个可行的概念后，具体架构的开发才真正有效。不幸的是，情况并不总是如此。我们鼓励企业领导将架构设计工作作为企业转型第一阶段的重要投资。

确定未来企业的架构蓝图是转型中影响最大的决策。转型的最终成功取决于对未来架构的明智选择。目前，许多企业将未来架构的选择视为一个“简单”的决策问题，实际上，这是一项需要时间、适当资源和努力的决策分析活动。与从糟糕的架构决策中恢复所花费的精力相比，调查架构选择所花费的精力是微不足道的。

我们生活在一个技术和社会日益复杂的时代。现代社会技术系统的高度交织一定程度上激发了企业科学的兴起。政府、工业和学术界对企业的研究越来越多，知识也在不断丰富。几十年前管理科学和系统科学的基本理论正在重新焕发生机，现代企业的架构师正在重新审视，并基于这些先前的研究成果进行构建。

我们对未来企业架构设计的方法是在十多年应用研究的基础上不断发展而来的，ARIES 框架是企业领导、企业研究人员和架构团队在 100 多个不同的真实项目中积累的知识和经验的结晶。我们希望这项工作能指导企业领导在快速变化的世界中为其企业未来架构作出重要的早期决策。

附录A

架构案例研究：I-Software Systems的业务单元ISSA

I-Software Systems是一家向各类规模的企业、政府、服务提供商和消费者销售软件、技术产品和监控服务的公司。[1] 该公司的销售额在过去十年间稳步增长，业务遍及世界三大洲。其愿景强调了技术对世界的重要性，并将创新和卓越运营视为核心价值。为了实现这些价值，该公司在研发方面投入了大量资金。

架构范围

本案例中讨论的项目聚焦于I-Software Systems内部一个业务单元ISSA的架构。ISSA的主要任务是开发软件并提供支持"智能自动化"产品组合的架构，这是公司提供的技术服务之一。该架构项目在四个月内完成，并考虑了五年的时间象限。本案例讨论了该架构项目的展开过程。

变革动机

ISSA领导层的主要担忧集中于当前的外包组织。架构团队发现，管理人员几乎花费50%的时间通过电话与外包合作伙伴进行沟通协调。同时，外包的合作伙伴常常抱怨他们不够了解他们生产的产品。领导层开始认为，改进外包结构可能有助于缩短交付时间并节省成本。

该架构设计工作是由企业内部的一位流程改进经理作为ISSA的内部顾问发起的。架构团队在与利益相关者接触之前，使用了多种方法收集信息，并查阅了公共报告以及内外部网站上的信息。随后，团队与发起经理进行了详细讨论，以确保团队对预期的变革有共同的理解。

企业环境

生态系统（外部环境）

I-Software Systems 在其参与竞争的几个市场中都处于领先地位。在与 ISSA 提供的服务相关的市场上，公司以近 40% 的市场份额占据全球领先地位。其余市场则分散在另外三家竞争对手手中。最新的需求趋势表明，监控软件市场正在快速增长，这为技术和服务供应商呈现了一个具有吸引力的场景。尽管这些数据良好，但 ISSA 的销售额增长速度较市场其他竞争对手要慢。这主要是因为较小的竞争对手能够更快地响应市场需求，他们的产品开发周期较短，上市时间更快。

对于供应商而言，ISSA 产品的最重要供应商是第三方软件开发商。在当前情况下，考虑到 ISSA 的外包策略较为分散，以及提供这些服务的公司的规模，供应商具有相对较强的议价能力。供应商的地位对 ISSA 至关重要，因为他们约占当前用于开发产品的劳动力的 55%。尽管市场上有多个供应商，但更换供应商的成本很高，并且需要较长时间才能达到高的生产力水平（需要专业知识、培训和开发沟通渠道）。

ISSA 的客户主要是政府机构、信息技术行业和其他企业，ISSA 的产品在成熟度、可靠性和品牌认知度方面仍被视为市场领导者。然而，技术变革的步伐正在加快，可能在短期内出现新的监控服务方式。这可能会进一步对 ISSA 的市场份额产生负面影响。

内部环境

在 25 年间 I-Software Systems 从 100 名员工发展到超过 70 000 名员工，在其所服务的多个市场中被公认为行业领导者。然而，在其发展的过程中，企业在及时响应市场变化方面的能力逐渐减弱，导致了过度自信、文化和协调问题，以及对市场需求的反应速度减缓。尽管如此，该品牌仍然非常强大，使企业得以保持市场领先地位。高层管理人员已经意识到了这一情况，目前公司内部对各业务单元施加了很大的压力，要求他们削减成本和缩短周期，以在此方面恢复竞争力。

ISSA 业务单元大约有 360 人，主要位于美国。还有一个位于印度的小团队，约有 20 名开发人员。此外，ISSA 将其产品的编程外包给五家不同的公司（或合作伙伴）。

外包程序员的总数根据工作量的不同而变化，但平均来说，ISSA 在任何时候都有 390 名外包人员在其项目中工作。这些外包合作伙伴位于中国、印度和东欧，还有两个在美国。

ISSA 的产品开发周期如下。首先，由产品管理团队撰写产品需求文档（PRD），该团队负责定期收集客户需求。产品需求文档通过一个名为“执行委员会”的关口，该委员会由来自产品和职能小组的高管组成，他们决定批准哪些产品需求文档并开始开展工作。然后同时启动五个平行工作流，并开始分配资源。虽然有一位项目经理，但他不负责外包决策。如图 A.1 所示，这些决策由四个团队的每位经理作出。在任何时候，这些小组都在处理多个产品需求文档。他们查看资源的可用性、正在进行中的交付物、时间估算，并与产品和项目经理合作，以确保进度符合计划。

外包是产品开发过程中的一个重要环节，主要用于实现成本目标（通常项目的 30% 到 40% 需要外包以降低成本）。考虑外包的其他原因包括对特定技能的需求（如某种编程语言）和满足进度要求。外包过程没有统一标准，每位经理会根据成本、相似性或技术技能选择合作伙伴。

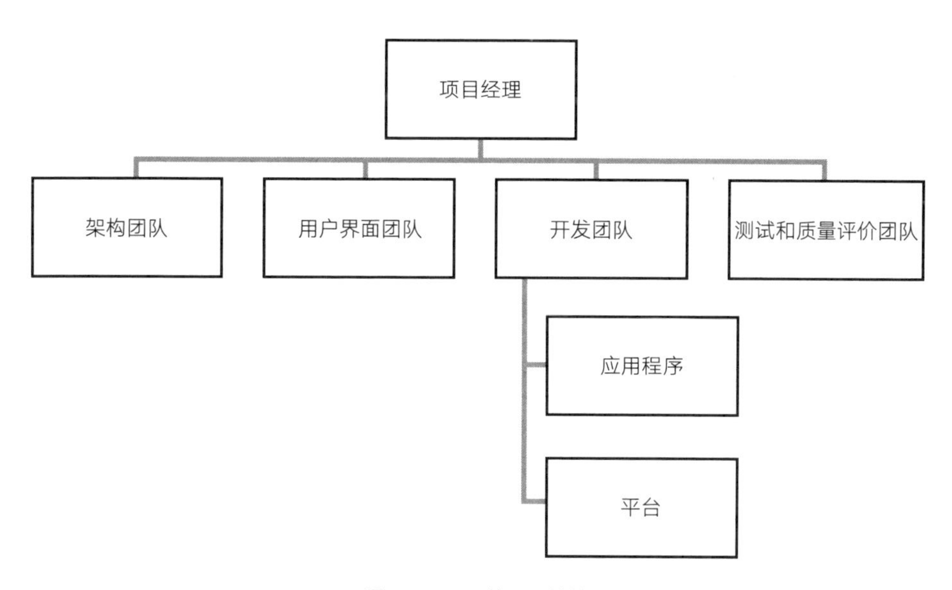

图A.1 ISSA的项目结构

利益相关者价值

架构团队在利益相关者分析中的初始任务是识别 ISSA 的主要利益相关者，这些利益相关者可以提供与内部和外包流程相关的见解和信息。这些利益相关者包括：

- ISSA 总监
- 外包合作伙伴，包括领导层和程序员
- 架构项目发起人（与 ISSA 合作的独立顾问）
- 员工，包括项目经理、团队领导和开发人员

架构团队识别了主要的利益相关者，并对他们进行了访谈，以了解期望的价值和当前提供的价值。为了简洁起见，这部分内容并未全部包含在本节中。利益相关者访谈的结果被综合处理，并生成了显示重要性与企业价值交付之间关系的价值交付图。团队还创建了同一数据的雷达图表现形式，因为这是 ISSA 企业中常用的格式。作为利益相关者价值结果的示例，图 A.2 中的雷达图显示了项目经理利益相关者群体在七个属性上的

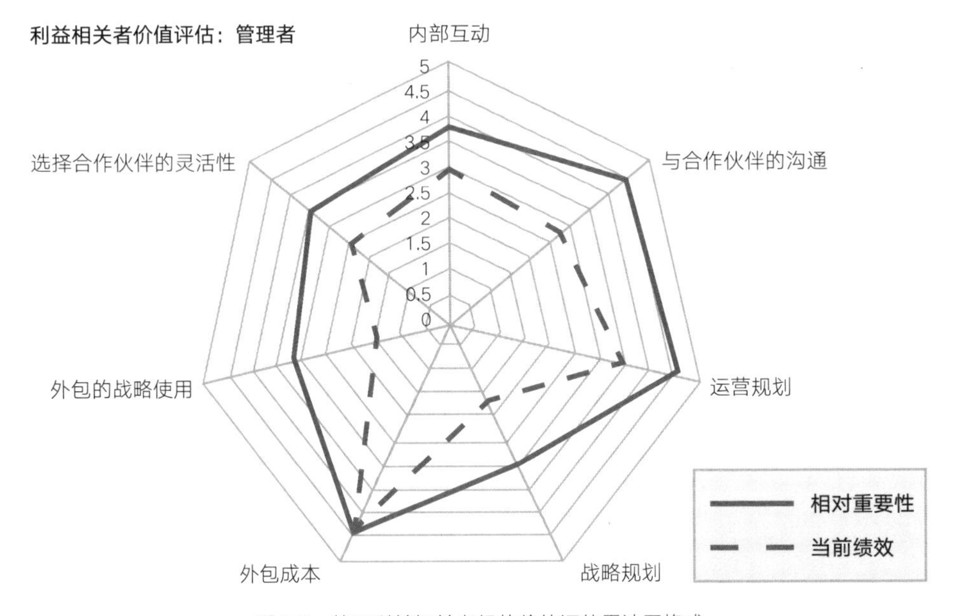

图A.2 管理利益相关者组的价值评估雷达图格式

当前绩效与相对重要性。

可以看出，外包成本被认为非常重要且绩效出色。与此形成对比的是战略规划，其当前绩效相对于其相对重要性较低。根据所有主要利益相关者的综合结果，架构团队能够看到企业在回应利益相关者需求时可能存在过度或不足的地方。利益相关者（或利益相关者群体）并未汇总在一起，相反，对价值差距的讨论是最有贡献的部分。

当前企业

为了更好地了解现状企业，架构团队对最相关的要素——战略、流程、组织和知识进行了 SWOT 分析。图 A.3 显示了企业要素的关系流程图，并总结了一些分析所得的关键发现。例如，战略要素分析表明，企业没有长期的外包战略，策略性决策成为常态。流程部分则允许不同团队经理在独立的基础上作出决策，但在协调和沟通方面存在劣势。虽然基础设施包括一个决策追踪数据库，但由于技术方面的问题和缺乏要求使用该数据

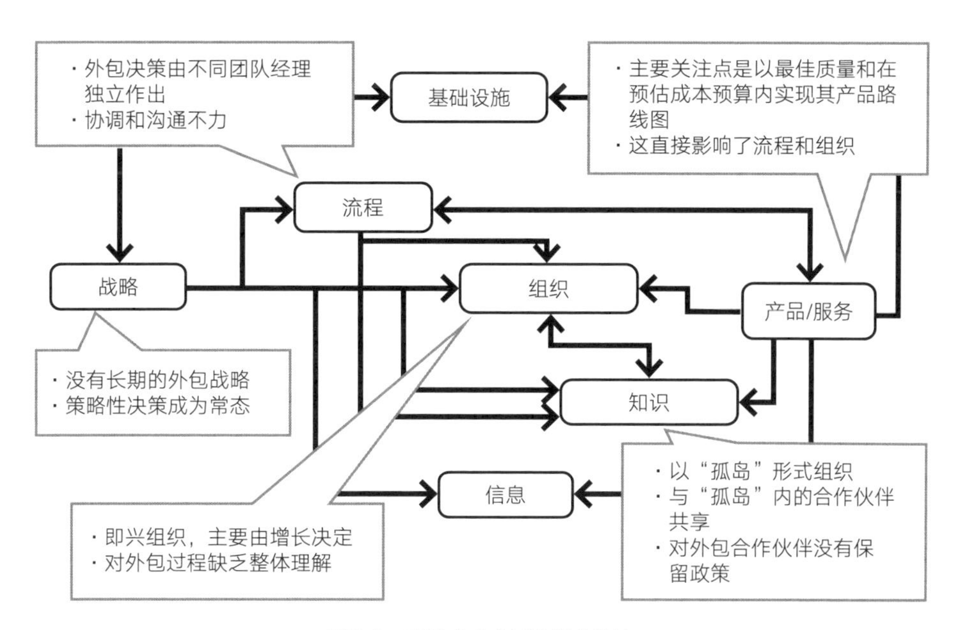

图A.3 现状企业分析的部分结论

库的流程，它并未发挥应有的作用。薄弱的战略还导致组织内部的策略性决策行为分散。

架构团队使用了系统动力学模型来更好地了解组织。团队进行了一些模拟，增加了当前组织中的人员和项目。其主要结论是当前架构不具备可扩展性，因为增加更多人员和项目会对当前生产力产生负面影响。缺乏明确的程序和衡量标准导致生产力受到负面影响，从而更加延误了项目，而非缩短了交付时间。

基于生态系统和利益相关者分析、SWOT 分析、系统动力学模型以及与 I-Software Systems 发起人的讨论，团队得出结论，ISSA 在其项目中表现良好。但同时，也确定一些问题可以通过转型活动加以改进。

研究结果如下。目前运营没有处于危险之中，但存在一些问题的征兆，可能在未来的发展中成为真正的威胁。团队发现的主要问题包括：外包过程非常耗时，各领域 / 部门之间以及和外包合作伙伴之间存在沟通问题，当前的外包结构即将达到其临界容量（可扩展性问题），对外包过程缺乏战略考虑（策略性决策），没有标准化的程序来管理与合作伙伴的关系，没有评估外包商绩效的指标，外包过程整体上没有明确的负责人（整体观点）。考虑到 ISSA 的目标是每年增长 18%，解决这些问题对于未来的成功至关重要。

未来企业的整体愿景

设想中的未来指导着团队进行下一步工作，并作为定义 ISSA 外包过程所需属性的参考。为了生成 ISSA 的未来愿景，团队与单元的高级管理层合作，并考虑了以下四个主要方面的见解：①战略计划；②利益相关者的价值观和优先事项；③ ISSA 的主要驱动因素；④外包或离岸外包的最佳实践。考虑到这四个主要方面，团队创建了一个未来企业整体愿景。该愿景与 ISSA 的总体使命保持一致，即“基于卓越运营，为我们的客户开发高度可靠、经济实惠和及时的解决方案”。架构团队与 ISSA 的高层领导合作，以新闻报道的形式生动描述了该业务单元的愿景，并将在五年转型活动结束时向新闻界发布。

2016 年 12 月 31 日讯，今天，软件即服务已成为技术业务的标准。这个事实以及我们适应新要求的能力使我们的业务单元增长速度超过了任何其他竞争企业。我们预计在未来两年内成为全球市场上最大的服务单元。在每年销售额增长超过 20% 的同时，我们能够保持卓越的运营。我们快速适应新场景，并与合作伙伴结成战略联盟，这使我们的业务与众不同，在软件服务市场上获得了最高的客户满意度。我们的流程、技术和基础设施也日趋成熟，将我们的产品包从软件扩展到云计算。

基于设想的未来状态，团队定义了 ISSA 为实现这一目标所需的特定属性和期望行为。具体来说，团队关注了外包过程的三个主要视角要素——战略、流程和组织。最终，团队为组织识别出了十三个期望属性。

期望属性：战略要素

· 拥有一个足够灵活的外包结构，以满足持续增长的需求。

· 采用具有战略眼光的全球外包，利用长期关系和多项目谈判的优势，促进外包商对项目的了解。

· 与外包商建立长期关系，但使用短期合同，这些合同可以在每个项目结束后选择续约。长期合同更可能需要变更和适应，这增加了协调成本。

· 指定一项外包策略，使 ISSA 能够与外包公司中有才华和有经验的承包商合作。

· 仅与那些能确保具有竞争力的劳动力成本、长期资源可用性、高员工留用率，并且理想情况下与 I-Software 员工有文化兼容性的供应商合作。

· 与主要供应商制定沟通计划，明确沟通渠道，确保在所有组织层面持续沟通。

期望属性：流程要素

· 采用标准化的外包流程，明确程序，并在 ISSA 内部各个小组之间统一做法。

· 拥有一个有效的管理模型，包括对公司和外包商双方的期望、绩效指标以及明确的责任划分。

· 使用在价格结构和费用、双方前期责任、知识产权、外包商与公司的权利和限制以及责任等方面有明确规定的合同，同时应包含退出方案。

· 任命一名外包经理来负责整个流程，确保明确界定期望的结果，并反映公司的实际要求。

期望属性：组织要素

· 拥有一个外包控制系统，能够核定定期报告的结果，并根据评估标准评估外包商的绩效。

· 拥有一个能够降低风险、具有可扩展性并在确保质量的同时节约成本的外包结构。

· 在不同部门之间建立有关外包流程的沟通渠道。

在将现有架构的分析结果与期望属性进行比较后，针对外包流程的三个主要视角——战略、流程和组织，识别出当前架构的主要价值差距。

架构评估标准

为定义选择优先架构的评估方法，标准由两个重要考虑因素驱动：首先，它们应能够利用三个主导要素衡量为未来状态所确定的期望属性；其次，它们应该能够解决为当前状态确定的价值差距问题。

架构团队选择的评估标准包括可扩展性、可靠性、可管理性、灵活性、成本和周期时间。团队定义了这些标准，并将每个标准分解为两个质量属性问题。随后，团队使用成对比较加权法对其进行加权。此外，团队还决定纳入对“可转型性”和“风险”因素的定性测量。

概念生成

团队生成了大约十个架构概念，并对其进行了定性评估。这些概念是在两次结构化头脑风暴会议中形成的，每次会议大概三个小时。

团队使用简化的 SWOT 评估进行了定性评估。十个概念中有四个被认为不可行，剩下的两个概念被合并为一个，从而产生了五个概念架构，作为开发替代架构的基础。

开发替代架构

利用在概念生成过程中获得的知识和信息，团队为 ISSA 开发了四个替代架构。这五个架构概念作为创建更详细替代架构的基础。

强大的外包架构

对于 ISSA 来说，一个方案是加强外包商在其产品开发过程中的作用。这种替代方案将意味着组织的根本性变革，因为外包合作伙伴将负责整个工程和测试过程，以降低成本并改善沟通。在这种架构下，只有产品架构和项目管理团队将保留在 ISSA 内部。项目管理团队将得到加强，以执行额外的协调、评估和控制任务。另外，外包合作伙伴将负责为 ISSA 交付产品。

反向外包架构

这种架构与前一种完全相反。它指的是将现有的外包服务“收回内部”。这将意味着切断所有外包活动。基本上有两种方法可以做到这一点——收购一个或两个当前的外包合作伙伴；或逐步招聘并创建新团队，承担编程和测试任务。

外包团队架构

第三种替代方案是创建一个新的团队 / 部门，负责采购流程。这将允许 ISSA 将合同定义、沟通渠道和议价能力的专业知识集中到一个团队中。例如，在当前的流程下，不同部门可能同时与同一合作伙伴进行外包合作，而不需要利用他们的议价能力。同时，该团队将有专门的员工来监控和管理外包合作伙伴的绩效。

然而，这将意味着高昂的实施成本，并增加当前组织的员工数量。此外，这肯定会增加一个额外的人员层级（如工程经理、外包经理、合作伙伴），这可能会在初期导致更长的交付期（学习曲线和员工对新结构的接受度）。然而，如果成功实施，由一个专门的团队负责外包协调和监控，将有助于对这一流程进行明确而强有力的管理。

流程负责人架构

ISSA 当前的结构包括项目经理和团队。每个项目经理负责每个项目整个产品开发周期的流程和进度管理。然而，他们不参与外包决策。该架构背后的主要思想是赋予项目经理在产品开发过程中拥有端到端的责任和权限。拥有了强大的流程负责人，组织就能为变化做好准备，使员工不那么抗拒进入新环境。流程重点将使 ISSA 能够更快地适应环境，从而增加其在快速变化的世界中生存的机会。这还将有助于保持不同领域的一致性，使员工对流程有更全面的认识。

此外，流程经理将确定和监督外包活动。这种架构应能更好地管理流程，流程经理将负责确定外包合作伙伴、合同、程序和每个项目的资源分配。这将允许外包流程的高层定义集中化，从而增强与合作伙伴谈判的能力。

评估替代架构

在已经确定未来架构所期望的评估标准和质量属性后，团队建立了一个加权评估矩阵来选择最佳备选者。对于不同的质量属性，每个替代架构被赋予 0 到 5 的分数。当前架构也包含在矩阵中，以便为拟议架构的评分提供参考（图 8.2）。此外，这还使团队能够验证哪些架构比当前状态有所改进。至于标准，团队使用成对比较为每个质量属性确认相对权重。

两种“获胜”架构得分非常接近——外包团队架构得分为 3.89 且有一定风险；而流程负责人架构得分为 3.81 且风险较小。基于使用评估指标获得的纯定量结果，首选的架构应该是外包团队方案。然而，在作出这个决定时，还必须考虑两个额外因素：

（1）风险：ISSA 管理层对风险持谨慎态度，因此更倾向于逐步引入变革。

（2）可转型性：这涉及对现有结构、文化价值观的影响以及对变革的抵触情绪。

鉴于这些因素，并考虑到两个方案之间的定量差异很小，团队建议选择第二优选的替代方案：流程负责人架构。

决定未来架构

所选架构的主要目标是赋予项目经理在产品开发过程中全面的责任和权力。将 ISSA 调整为这种结构将允许组织发生渐进式变革。如果成功，这还可以为将来采用第二种架构以实现更深层次的变革提供便利。因此，选择的策略是使用流程负责人架构作为实现长期目标的桥梁，并随后实施外包团队架构。该方法的好处是实现 ISSA 确定的增长目标（15% 到 20%），并为更集中的外包团队提供支持。最后，如果要采用外包团队，架构团队建议将其做法和程序标准化，以与整个公司内其他采购团队保持一致，因为 I-Software Systems 缺乏统一的采购系统。

面向未来

为了测试所选架构的适用性，团队详细说明了 ISSA 未来可能面临的四种情景：①印度和中国劳动力成本增加；②美国经济衰退；③对公司产品需求的意外增长；④主要外包伙伴成为竞争对手。团队没有为这四种情景设定特定的顺序，而是旨在探索哪些通用指导方针能够帮助 ISSA 在所有情况下取得成功。

从这一分析中得出的主要结论是，拥有一个负责外包流程的组织不仅有助于实现卓越运营，还为组织提供了成功的关键资源。流程负责人和 / 或外包团队能够更快地响应和适应利益相关者需求和环境的变化。例如，开发和监控指标可以帮助他们预测变化并因此采取主动。如前所述，该分析强调了有必要实施流程负责人架构作为桥梁，然后逐步发展为外包团队架构。

在可能的未来情景中测试架构后，架构团队验证了该架构。这包括与领导层和其他主要利益相关者进行审查，以评估所选架构策略是否满足他们的需求，同时认识到在架构工作过程中这些需求可能会有所变化，并承认参与架构工作可能会带来新的理解。

实施计划

有了这一决定，团队便开始详细设计流程负责人架构。这包括以剖析的方法（结构、行为、文档资料或工件、衡量标准和周期性）详细描述各个要素。验证结果促进了对架构的微调，这些微调也被进一步详细说明。

对于实施过程，团队旨在解决管理者可能提出的主要问题——步骤是什么？需要多长时间？有哪些好处？转型的三个主要阶段被概述如下（表 A.1）：准备阶段为六个月，流程负责人架构的实施阶段为十八个月，外包团队架构的实施历时三年。

实施过程的关键方面包括从董事到员工的参与、持续监控，以及反馈和结果的沟通，以表彰成功和纠正错误。

表A.1

三阶段实施计划

阶段	**活动**
准备阶段	领导层参与 与ISSA沟通 架构研讨会 制定外包指标 试点项目活动
实施流程负责人架构	选择流程负责人 培训流程负责人 调整组织结构 与领导层和员工沟通 监控和调整
实施外包团队架构	创建外包团队 分析外包团队与其他I-Software Systems业务单元的合并 结果的沟通 监控和调整

结语

I-Software Systems 的领导层批准了 ISSA 架构策略，并进行了小幅修改。ISSA 在根据领导层的指导和准备工作的执行情况改进架构后，实施了流程负责人架构。外包团队架构也已经成功实施，并根据技术驱动的优先事项和机会进行了适当调整。

附录B

架构案例研究：艾伦设计集团

艾伦设计集团是一家位于美国大都市的建筑公司。该公司已有一百多年的历史，经历了多次演变。目前，艾伦设计集团主要服务于医疗保健和高等教育行业，设计大型建筑物，如医疗办公楼、专科诊所、教学楼和学生宿舍。艾伦设计集团提供的服务包括建筑、规划、翻新和方案编制，以优先考虑多个利益相关者群体的需求，提供综合解决方案。

变革动机

艾伦设计集团决定开展一个企业架构项目，以了解当前和未来十年的战略问题和目标。其希望制定一个未来愿景，以响应业务 / 组织需求及驱动因素，为利益相关者创造价值。该愿景的重点是随着竞争的加剧，不断发展企业。公司希望继续成长，并看到许多不同类型的发展机会。为此，领导层正在认真考虑扩展当前的商业模式。

生态系统

艾伦设计集团企业架构团队通过公司常用的一种技术方法调查了生态系统。这种技术方法是一种力场分析（force field analysis），用于了解支持和反对变革的关键驱动因素。[1] 他们的分析重点是与艾伦设计集团相关的建筑与工程公司及建筑行业（包括环境可持续性这一重要问题）。

表 B.1 显示了建筑与工程公司力场分析的结果。特别考虑到未来对医疗设施需求不断增长的老龄化人口，教育和医疗项目在短期和长期内都颇具前景。然而，由于经济的不确定性，客户在项目融资方面遇到了困难，且建筑与工程公司面临着降低费用的压力。

表B.1

建筑与工程公司的力场分析

变革驱动力	变革阻力
工程：教育和医疗保健行业在一年内的增长率为3%～5%	经济的不确定性
由于人口老龄化，医疗保健是一个有前景的行业	客户获取项目资金的能力
公私合作伙伴关系增加	由于竞争加剧，压力导致费用降低
建筑项目中对工程师的需求不断增长	对收入和增长的关注可能会降低质量
建筑和施工行业在非住宅建筑中显示出10%的年增长率	中型公司因高昂的间接费用被挤出市场

因此，从长远来看，虽然开展教育和医疗建筑项目在经济上是合理的，但显然也需要考虑艾伦设计集团如何在这个竞争激烈的行业中进一步定位自己。

团队对建筑行业也进行了力场分析。这提供了一些有用的见解，因为该公司受到影响建筑行业的各种力量的影响。人口增长，特别是城市地区的人口增长，无疑将推动机构建筑建设的增长，而这将需要更多的建筑与工程公司。这种增长在新兴市场将尤为显著，尽管艾伦设计集团考虑到交付这些项目的复杂性，目前不希望追求国际机会。此外，目前的重点是建造模块化建筑（即首先在地面上组装建筑部分，然后用起重机将其吊装到位）。这种变化可能会威胁到艾伦设计集团根据客户需求设计建筑的“定制化”方法。

总体而言，这一分析表明，长期来看，继续关注高等教育和医疗市场在经济上是合理的，但也存在一些挑战领域，特别是模块化设计的增加以及让建筑所有者从建筑生命周期的角度看待他们的建筑所面临的挑战。

利益相关者分析

架构团队确定了主要的利益相关者群体，如表 B.2 所示。客户通常会设立一个小型项目管理办公室，向高级管理人员报告，以协调拟议的项目。由于艾伦设计集团没有在

表B.2

艾伦设计集团的主要利益相关者

利益相关者类别	**利益相关者**
主要受益者	客户组织官员 客户设施经理和操作员
受益相关者	客户项目经理 艾伦设计集团官员 艾伦设计集团负责人 艾伦设计集团员工 咨询师/合作伙伴
慈善利益相关者	最终用户
高杠杆利益相关者	投资者/捐赠者

职的工程师和景观建筑师，因此其必须聘请专业顾问，包括土木 / 岩土工程师（负责现场工作）、结构工程师、MEP/HVAC（机械、电气和管道 / 供暖、通风和空调）工程师、消防安全工程师和景观设计师。艾伦设计集团还经常聘请技术专家，如法规顾问，以确保建筑设计符合适用的建筑法规。

架构团队研究了利益相关者群体与企业之间的价值交换，包括期望从企业获得的价值和为企业贡献的价值。根据第 4 章所述的分析方法，团队可以对照利益相关者重要需求对艾伦设计集团的绩效进行评估。团队将需求分为六个方面——资金、知识、服务、资源、信息和关系，从而加强了分析。

综合这项分析，团队得出结论——未来的架构必须能够更深入地了解客户的战略方向，从而更好地定制其服务。艾伦设计集团意识到，其可以在建立和维持长期客户关系方面（尽管这一问题并不适用于所有客户）有所改进。

当前企业

艾伦设计集团当前的战略是扩大其现有的服务组合，并在其产品组合中增加新服务。架构团队与领导层讨论了他们对变革的战略要求。首席执行官表示，希望将企业当前的服务向上游（如战略和规划）和下游（如调试和维护）扩展，而不是横向扩展到提供工程和施工服务。

展望未来五年，艾伦设计集团的领导层提出了第二个要求，即他们希望能够更有选择性地与客户合作，从而为员工提供智力刺激（并在竞争激烈的环境中提高员工留用率）。

在审视当前企业时，架构团队提出了图 B.1 所示的概念框架，以了解艾伦设计集团的现状架构，并在开发替代架构时加以利用。

艾伦设计集团最终负责向其客户提供服务。从左到右读图（即从组织开始），可以了解艾伦设计集团的组织如何通过将来自客户和分包顾问的信息和来自其员工的知识转

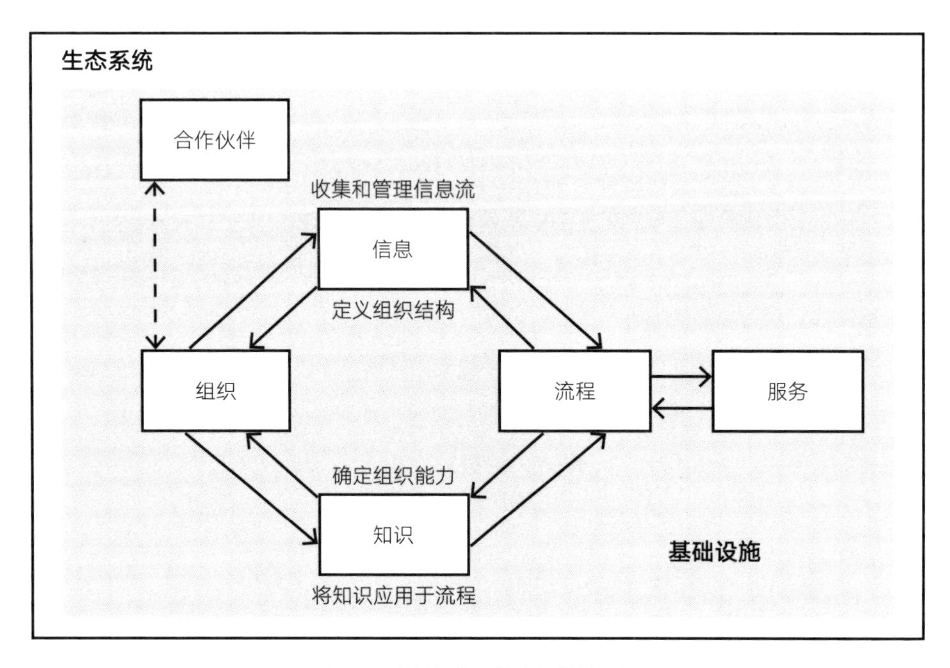

图B.1 当前架构和替代架构的框架

化为交付服务的流程，从而交付其服务。由于组织（包括其合作伙伴，即分包顾问）在很大程度上决定了服务的交付方式，因此它位于服务层级结构的“顶端”。因此，通过从左到右查看这张图，可以更好地理解现有架构为何如此配置。由于艾伦设计集团采用的一种策略是创造新服务以获得竞争优势，因此服务是建筑与工程流程的起点。

未来的整体愿景

架构团队与艾伦设计集团领导层组织了一次会议，旨在展望未来五年内的发展，制定未来愿景。如下所示，我们创建了一个生动的描述，并开发了情景片段来详细阐述这一愿景（如我们在第 6 章讨论的）。

> 经过 110 年的发展，艾伦设计集团已经从一家建筑服务公司转型为一家提供全方位服务的设计咨询公司。该公司的最新工作展示了其从战略规划到建筑设计，再到设施优化服务的整个建筑生命周期内的广泛知识。公司通过部署一支多样化团队和采用定制化方法来解决手头项目的具体需求，从而使自己与众不同。艾伦设计集团的解决方案显著提高了客户的盈利能力和绩效，尤其是在医疗保健、高等教育和生物技术领域。（建筑出版社，2018 年 6 月）

概念和替代架构

在确定愿景后，架构团队召开了一次会议，提出概念，提取期望属性，并使用视角元素对这些属性进行分组。以此分析为基础，制定了四种替代架构供进一步考虑：①规划 / 设施再设计顾问；②灵活性顾问；③人因设计顾问；④运营和组织设计顾问。以下将解释这些架构的重点。

规划 / 设施再设计顾问

规划 / 设施再设计架构替代方案主要涉及设施改造和总体规划的概念设计服务，以便在整个项目周期内，根据最佳实践设计和预算考虑，优化空间和土地利用。通常，服务将以医疗保健和教育市场领域为目标，这些是艾伦设计集团战略计划的优先市场。

灵活性顾问

这一架构属于更传统的市场，如工业公司和实验室。提供的服务包括建模和情景规划，同时与客户合作，确定当前可建造的功能性建筑，并能扩展以容纳附加建筑。例如，一个停车库设计可以采用分阶段的方法，考虑到预算问题，现在建造两层，并为将来增加楼层预留空间。这将促进与客户的长期互动，因为艾伦设计集团可以随着时间的推移继续与客户合作，确定何时可以利用建筑设计中的灵活性。

人因设计顾问

人因设计顾问替代方案主要涉及通过开展以用户为中心的设计实践进行人性化设计。该替代架构在设计生命周期的各个阶段都会有大量用户参与，以纳入用户偏好并验证所开发的概念。它将包括人因评估方法，以确保最终交付物的最佳用户体验。该替代架构将为艾伦设计集团提供新的市场机会。

运营和组织设计顾问

运营和组织设计替代方案将企业架构和系统思维纳入艾伦设计集团设计服务方案。这将涉及使用建筑或物理空间来战略性地引发企业的范式转变或变革，并包括财务考量。这将为艾伦设计集团在传统和新市场提供机会。

替代架构的评估与选择

四种替代架构使用了无权重的普氏矩阵进行评估，并将标准映射到利益相关者（图 8.1）。可实施性的总体评分分为容易、中等和困难。根据标准评分和可实施性，团队得出结论，结果表明灵活性咨询服务是优先架构。正如常见的情况，在与艾伦设计集团领导层讨论结果时，团队发现灵活性咨询服务要求他们瞄准一个目前没有丰富经验的市场（房地产开发），而该市场已经饱和。尽管该方案具有吸引力，但此时冒险做这件事似乎风险太大。因此，最终决定选择运营和组织设计咨询架构。讨论还激发了成立一个研发小组的想法，该小组可以在项目期间将艾伦设计集团开发的现有产品理念进行开发和申请专利以获得许可。因此，对选定的未来架构进行了改进，以包含这方面的内容。

“未来”架构的细节和验证

在选择未来架构后，架构团队使用视角元素对其进行详细描述。具体来说，他们重点关注了服务视角（因为这是本研究的焦点），以及流程和知识视角（因为这些元素的变化对于提供新服务至关重要）（表 B.3）。

虽然运营和组织咨询将为外部客户提供类似于艾伦设计集团现有服务的定制化服务，但研发服务是一项内部服务，需要使用标准化流程以确保在专利申请过程中不遗漏重要步骤。这两项新服务都需要辅之以知识和信息共享平台，以确保在这些新实践中产

表B.3

详细说明三个要素的选定架构剖析（摘录）

	服务	**流程**	**知识**
结构	定制服务从架构实践中分离	跨部门的通用方法，高度标准化	知识共享系统——内部（根据需要使用一些外部顾问）
行为	与客户合作，提供定制服务	与客户团队合作	开放的内部知识共享和设计的激励措施
文档资料或工件	合同和客户报告	客户备忘录、报告和文献	记录的最佳实践和经验教训
衡量标准	客户满意度、盈利能力和项目数量	项目预算和进度指标，以及收入预测	能力测量和认证数量
周期性	服务交付周期时间	业务发展评审频率	网站更新周期

生的知识在整个公司内共享。特别是对于研发服务来说，将现有架构实践中的新产品理念共享给新的研发小组对于业务的可行性至关重要。对于新服务，艾伦设计集团计划通过新招聘和培训现有员工的结合方式来推进。因此，最重要的是，人力资源流程需要得到增强，以识别知识差距并确定如何适当填补这些差距。

项目团队还通过描述服务视角元素来详细说明关键互动，然后利用该视角来驱动其他视角的内容。在架构中有一些值得讨论的显著互联。为了提供企业设计咨询服务，艾伦设计集团必须继续使用可为每个客户定制的灵活流程，这与其现有服务一致。此外，尽管艾伦设计集团需要开发新流程以提供这些服务（特别是需要为客户提供的任何培训），但许多流程将与其现有设计服务的流程非常相似。相比之下，对于研发服务，艾伦设计集团必须开发标准化流程，以确保在开发和申请专利过程中不遗漏重要步骤，这可能与其现有的“创意”文化相冲突。因此，需要仔细考虑，以确保这些新流程不会扼杀现有设计流程的创造力。

另一个值得注意的互联点出现在知识视角和组织视角之间。由于艾伦设计集团希望利用其在医疗保健（和高等教育）领域的现有领域知识和建筑服务来提供企业咨询服务，因此其倾向于通过内部培训和招聘逐步培养其能力。或者，它也可能通过招聘一位已经拥有大量联系人的新负责人来发展这项服务，但除非该人非常适合，否则将一个拥有自己专业领域的人融入现有组织可能会更加困难。此外，根据艾伦设计集团领导层的说法，新负责人需要一年多的时间才能为公司带来收入。由于艾伦设计集团重视服务的一致性及其现有文化和品牌，它可能会采用更有机的增长战略来增强其能力。这一战略还将使其能够继续利用来自整个组织的不同能力和技能的团队。

实施计划

架构团队利用详细信息制定了实施计划。该计划涵盖了三到五年的三个主要方向，因为艾伦设计集团在此期间发展了满足客户需求所需的能力。这些能力包括：通过引入新服务提升艾伦设计集团的价值主张；提高公司的整体盈利能力；为员工创造一种更加动态和有成就感的工作环境。为了实现这些目标，制定了一套重叠的活动，利用三个并行的项目领域，包括：①重新定义人力资源领域；②实施研发流程；③全面实施组织 / 流程咨询。

结语

艾伦设计集团聘请的企业架构团队成功完成了项目目标。领导层对公司战略架构问题和目标有了更深入的了解。在对当前架构了解和分析的基础上，其通过合作研讨会创建了艾伦设计集团的未来愿景。团队开发并评估了几种替代方案。这引发了与艾伦设计集团领导层的深入讨论，并最终确定了未来的架构。团队制定了一个高层次的实施计划，作为实现未来十年愿景和战略要务的转型指导。

注 释

第1章

1. 企业是我们在工作中使用的术语。其他人可能会使用组织、公司、机构或其他术语。企业可以是公司、机构、非营利组织、非政府组织、政府机构、大学、社会企业或其他类型的企业实体。

2. “系统是一个有组织的、有明确目标的结构，它由相互关联和相互依存的要素（组件、实体、要素、成员、部分等）组成。这些要素不断直接或间接地相互影响，以维持系统的活动和存在，从而实现系统的目标。”（BusinessDictionary.com，2012）

3. 德博拉・J. 奈廷格尔，“企业系统的原则”（Principles of Enterprise Systems），发表于第二届国际工程系统研讨会上的论文，马萨诸塞州，剑桥，麻省理工学院，2009 年 6 月 15 日至 17 日。

4. V. 珀切斯（V. Purchase），G. 帕里（G. Parry），R. 瓦莱尔迪（R. Valerdi），德博拉・J. 奈廷格尔和 J. 米尔斯（J. Mills），“企业转型：我们为什么感兴趣，它是什么，以及面临的挑战”（Enterprise Transformation: Why Are We Interested, What Is It, and What Are the Challenges?），见《企业转型杂志》（*Journal of Enterprise Transformation*） 1, no.1(2011)，14－33。

5. S. 吴（S. Woo），“在压力下，网飞重新考虑 DVD 计划”（Under Fire, Netflix Rewinds DVD Plan），《华尔街日报》（*Wall Street Journal*），2011 年 10 月 11 日。

6. 例如，关于战略目标和组织流程之间的相互关系，以及其在企业资源规划实施中的其他关键成功因素，见 H. 阿克曼斯（H. Akkermans）和 K. 范・赫尔登（K. van Helden），“企业资源规划实施中的恶性循环和良性循环：关键成功因素间相互关系的案例研究”（Vicious and Virtuous Cycles in ERP Implementation: A Case Study of Interrelations between Critical

Success Factors），《欧洲信息系统杂志》（*European Journal of Information Systems*）11(2002): 35－46。

7. 德博拉·J. 奈廷格尔和唐娜·H. 罗德斯，“企业系统架构：工程系统中新兴的艺术与科学”（Enterprise Systems Architecting: Emerging Art and Science within Engineering Systems），麻省理工学院工程系统研讨会，2004 年。

8. 其根本原因之一是未能对企业领导者进行适当的教育，如唐娜·H. 罗德斯和德博拉·J. 奈廷格尔，“教育服务科学领导者全面思考企业”（Educating Services Science Leaders to Think Holistically About Enterprises），见《服务科学，管理与工程》（*Services Science, Management and Engineering*）（由比尔·赫夫利（Bill Hefley）和温迪·墨菲（Wendy Murphy）编辑），纽约：施普林格出版社（Springer），2008 年。

第2章

1. 关于企业战略术语的历史，参见 M. 梅纳德（M. Meznar）、J. 克里斯曼（J. Chrisman）和 A. 卡罗尔（A. Carroll）的文章“社会责任与战略管理：迈向企业战略分类”（Social Responsibility and Strategic Management: Toward an Enterprise Strategy Classification），见《管理学会会议论文集》（*Academy of Management Proceedings*）1(1990): 332－336。

2. R. 爱德华·弗里曼，《战略管理：利益相关者方法》（*Strategic Management: A Stakeholder Approach*），波士顿：皮特曼出版社（Pitman），1984 年。

3. J. 斯凯克曼（J. Schekkerman），《如何在企业架构的丛林中生存》（*How to Survive in the Jungle of Enterprise Architecture*），艾奥瓦州，布卢明顿：特拉福德出版社（Trafford Publishing），1994 年。

4. 威廉·劳斯撰写了许多关于企业转型的书籍和文章。其中包括威廉·劳斯的文章 “企业作为系统：转型的基本挑战与方法”（Enterprises as Systems: Essential Challenges and Approaches to Transformation）”，见《系统工程》（*Systems Engineering*）8 (2005): 138－150；威廉·劳斯的文章 “企业转型理论”（A Theory of Enterprise Transformation），见《系统工程》8(2005): 279－295；以及威廉·劳斯编辑的《企业转型：了解和促成根本性变革》（*Enterprise Transformation: Understanding and Enabling*

Fundamental Change），新泽西州，霍博肯：约翰·威立出版社（Wiley），2006 年。

5. 埃伯哈特·雷克廷，《系统架构：创建和构建复杂系统》（*Systems Architecting: Creating and Building Complex Systems*），新泽西州，恩格尔伍德克利夫斯：普伦蒂斯·霍尔出版社（Prentice Hall），1991 年。

6. “埃伯哈特·雷克廷：弗雷德里克·内贝克（Frederik Nebeker）采访”，1995 年 2 月 23 日，IEEE 历史中心，http://www.ieeeghn.org/wiki/index.php/Oral-History:Eberhardt_Rechtin。

第3章

1. R. 瓦莱尔迪、德博拉·J. 奈廷格尔和克雷格·布莱克本（Craig Blackburn），“企业作为系统：背景、边界与实际影响”（Enterprises as Systems: Context, Boundaries, and Practical Implications），见《信息知识系统管理》（*Information Knowledge Systems Management*）7，no. 4(2008): 377－399。

2. 改编自亚当·M. 罗斯（Adam M. Ross），“管理未明确的价值：多属性交易空间探索中的可变性”（Managing Unarticulated Value: Changeability in Multi-Attribute Tradespace Exploration），博士论文，麻省理工学院（MIT），2006 年。

3. T. 费舍尔（T. Fischer）、H. 格鲍尔（H. Gebauer）和 E. 弗莱施（E. Fleisch），《服务业务发展：制造企业的价值创造战略》（*Service Business Development: Strategies for Value Creation in Manufacturing Firms*），剑桥：剑桥大学出版社（Cambridge University Press），2012 年，特别是第 16-17 页。

4. N. 伊斯兰（N. Islam）和 S. 奥兹坎（S. Ozcan），“颠覆性产品创新战略：便携式数字音乐播放器的案例”（Disruptive Product Innovation Strategy: The Case of the Portable Digital Music Player），收录于艾基克韦（Ndubuisi Ekekwe）编辑的《颠覆性技术、创新与全球再设计：新兴影响》（*Disruptive Technologies, Innovation, and Global Redesign: Emerging Implications*）第三章，宾夕法尼亚州，赫尔希：IGI 出版社（IGI Global），2012 年。

5. 星巴克公司，《星巴克全球责任报告年度回顾：2010 财年》（*Starbucks Global Responsibility Report: Year in Review: Fiscal 2010*），以及星巴克公司，《星巴克全球责任报告年度回顾：2011 财年》（*Starbucks Global Responsibility Report: Year in Review:*

Fiscal 2011）。

6. 迪尔公司，“核心价值观”（Core Values），2014 年，http://www.deere.com。

7. J. 迪亚兹（J. Diaz），“小小的细节让一切变得清晰”（Small Touches Make Things Clear），见《波士顿环球报》（*Boston Globe*），2011 年 10 月 15 日，B.5 版。

8. 我们使用的能力的定义得益于麻省理工学院研究科学家亚当・M. 罗斯的工作。关于精确定义能力的重要性，详见亚当・M. 罗斯、唐娜・H. 罗德斯和 D. E. 黑斯廷斯（D. E. Hastings）的文章 “定义可变性：为保持生命周期价值协调灵活性、适应性、可扩展性、可修改性和稳健性”（Defining Changeability: Reconciling Flexibility, Adaptability, Scalability, Modifiability, and Robustness for Maintaining Lifecycle Value），见《系统工程》11，no. 3(2008): 246－262。

9. 星巴克咖啡公司，“星巴克重新定义门店体验，以触动当地社区的心灵与灵魂”（Starbucks Reinvents the Store Experience to Speak to the Heart and Soul of Local Communities），2009 年 6 月 25 日，http://news.starbucks.com/news/starbucks-reinvents-the-store-experience-to-speak-to-the-heart-and-soul-of-。

第4章

1. 厄尔・默尔曼（Earll Murman）等，《精益企业价值：源自麻省理工学院精益航空进取计划的远见卓识》（*Lean Enterprise Value: Insights from MIT's Lean Aerospace Initiative*），纽约：帕尔格雷夫出版社（Palgrave），2002 年。

2. 乔迪・霍弗・吉特尔（Jody Hoffer Gittell），《西南航空的成功之道》（*The Southwest Airlines Way*），纽约：麦格劳－希尔（McGraw-Hill），2003 年。

3. 西奥多・皮彭布罗克（Theodore Piepenbrock），“走向商业生态系统演化理论：企业架构、竞争动态、公司绩效与产业共进化”（Toward a Theory of Evolution of Business Ecosystems: Enterprise Architectures, Competitive Dynamic, Firm Performance, and Industrial Co-Evolution），博士论文，麻省理工学院，2009 年。

4. 罗纳德・K. 米切尔（Ronald K. Mitchell）、布拉德利・R. 阿格尔（Bradley R. Agle）和唐娜・J. 伍德（Donna J. Wood），“走向利益相关者识别和重要性的理论：定义真正重要的原则”（Toward a Theory of Stakeholder Identification and Salience: Defining

the Principle of Who and What Really Counts），见《管理学会评论》（*Academy of Management Review*）22, no. 4(1997): 853–886。

5. 伊格纳西奥·格罗西（Ignacio Grossi），“精益企业背景下的利益相关者分析”（Stakeholder Analysis in the Context of Lean Enterprises），硕士论文，麻省理工学院，2003 年。

6. 道格拉斯·马蒂（Douglas Matty），“美国陆军的企业管理系统”（Enterprise Management System for the U.S.Army），博士论文，麻省理工学院，2010 年。

第5章

1. 最近在研究企业时使用企业要素的讨论见安德里亚·伊波利托（Andrea Ippolito），“构建未来远程医疗系统以治疗美国军队中的创伤后应激障碍”（Architecting a Future Tele-Health Care System to Treat PTSD in the US Military），麻省理工学院 SDM 系统思维网络研讨会系列，2014 年 1 月 13 日。

2. 将企业视为一个整体系统的重要性讨论见乔丹·佩克（Jordan Peck），“优化现代医疗服务系统的绩效”（Optimizing Performance in the Modern Health Care Delivery System），博士论文，麻省理工学院，2012 年。

3. 在医院绩效中企业视角的关系讨论见豪尔赫·奥利维拉（Jorge Oliveira），“高绩效医院企业架构”（High Performing Hospital Enterprise Architectures），博士论文，麻省理工学院，2011 年。

4. 请注意，星巴克的例子来自公开文献、新闻发布和公司的官方网站，可能不代表当前的实际业务特征，也不一定代表公司的实际观点。此例仅用于说明目的。

5. McCafe 是麦当劳旗下的咖啡馆风格连锁店，1993 年在澳大利亚创立，2001 年首次在美国开设。

6. 有关 X 矩阵的更多信息，请参见德博拉·J. 奈廷格尔和贾亚坎特·斯里尼瓦森（Jayakanth Srinivasan），《超越精益革命：实现成功和可持续的企业转型》（*Beyond the Lean Revolution: Achieving Successful and Sustainable Enterprise Transformation*），纽约：美国管理协会图书出版部（AMACOM），2011 年，第 114-118 页。

第6章

1. WP 指导公司是一个虚构名称，代指本研究中的实际企业。

2. 巅峰交通是一个虚构名称，代指本研究中的实际企业。

第7章

1. 这种方法在麻省理工学院硕士论文中得到了阐述，由弗朗西斯科·齐尼（Francisco Zini, 2012）和马蒂亚斯·拉比（Matias Raby, 2012）基于管理科学文献进行研究。

2. 有许多生成创意的方法，如传统的头脑风暴、隐喻、横向思维等。选择特定的技巧应在某种程度上依赖于企业的文化。只要该技巧对团队有效，具体选择哪种技巧并不重要。技巧和环境可以使架构团队跳出既定模式进行思考。例如，可以在会议室外进行此次会议。另一种方法是考虑一个与现有企业完全不同的概念。为了扩展想象力，提出截然不同的概念是个好主意，接下来可以将天马行空的创意进行分类组合，以创建替代方案。

3. 埃伯哈特·雷克廷，《组织的系统架构：为什么老鹰不能游泳》（*Systems Architecting of Organizations: Why Eagles Can't Swim*），佛罗里达州，博卡拉顿：CRC 出版社，2000 年，第 12 页。请注意，雷克廷在书中使用了“复杂组织”这个术语，而非“企业”。

4. 健康协作中心是一个虚构的名称，代指本研究中的实际企业。

第8章

1. 唐娜·H. 罗德斯、亚当·M. 罗斯和德博拉·J. 奈廷格尔，“架构系统企业：来自工程系统领域的构建和方法”（Architecting the System of Systems Enterprise: Enabling Constructs and Methods from the Field of Engineering Systems），在第三届年度 IEEE 系统会议上发表的论文，加拿大，温哥华，2009 年 3 月。

2. 艾凡电子公司是一个虚构的名称，代指现实中的一家公司。

3. 克里斯托弗·格拉兹纳（Christopher Glazner），“使用企业架构的混合模拟了解企业行为”（Understanding Enterprise Behavior Using Hybrid Simulation of Enterprise Architecture），博士论文，麻省理工学院，2009 年。

4. 系统动力学模型在企业架构中的应用展示在最近的两篇硕士论文中：詹姆斯·R. 伊诺斯（James R. Enos），“新滑行路径：在美国陆军航空卓越中心重新架构飞行学校 XXI 企业”（A New Glide Path: Re-Architecting the Flight School XXI Enterprise at the U.S. Army Aviation Center of Excellence），工程与管理硕士论文，麻省理工学院，2010年；以及詹姆斯·E. 理查兹（James E. Richards），“整合陆军地理空间企业：将地理空间情报同步到步兵士兵”（Integrating the Army Geospatial Enterprise: Synchronizing Geospatial-Intelligence to the Dismounted Solder），工程与管理硕士论文，麻省理工学院，2010 年。

5. 艾伦设计集团是一个虚构名称，代指本研究中涉及的实际企业。

6. 一些架构团队选择添加“更好”“更差”或“相同”的评分。这种方法并不要求这样做；重要的是要认识到总分代表的是一种定性评估。

7. 马蒂亚斯·拉比（Matias Raby），“架构未来企业：支持未来状态选择决策的框架”（Architecting the Future Enterprise: A Framework for Supporting Decision Making in the Selection of Future States），工程与管理硕士论文，麻省理工学院，2012 年。

8. 例如，软件工程研究所的架构权衡分析方法（ATAM），如卢克·C. G. 克罗普西（Luke C. G. Cropsey）所讨论的“将军用无人机整合到国家空域系统中：价值导向思维与企业架构的应用”（Integrating Military Unmanned Aircraft into the National Airspace System: An Application of Value-Focused Thinking and Enterprise Architecting），工程与管理硕士论文，麻省理工学院，2008 年。

第9章

1. 概念完整性的重要性由弗雷德里克·P. 布鲁克斯（Frederick P. Brooks）在他的著作《人月神话》（*The Mythical Man-Month*）（马萨诸塞州，雷丁：艾迪生韦斯利出版社（Addison-Wesley），1975 年）中首次提出。

2. 多夫·多里（Dov Dori），《对象－过程方法论：一种整体系统范式》（*Object-Process Methodology: A Holistic Systems Paradigm*），纽约：斯普林格出版社，2002 年。

3. 马克·W. 迈尔（Mark W. Maier）和埃伯哈特·雷克廷，《系统架构的艺术》（*The Art of Systems Architecting*），第二版，佛罗里达州，博卡拉顿：CRC 出版社，2000 年。

4. 许多企业架构框架被广泛使用。由企业架构知识体系（EABOK）社区维护并由米特雷

（MITRE）公司主办的网站提供了关于企业架构的基础知识。国际标准 ISO/IEC/IEEE 42010《系统与软件工程——架构描述》（*Systems and Software Engineering – Architecture Description*）定义了架构框架为“在特定应用领域和 / 或利益相关者群体内建立的用于描述架构的约定、原则和实践”。可以在该标准的网站上找到企业架构框架的调查。

第10章

1. LM 设备公司和 SynCo 集团是本研究中涉及的实际企业的虚构名称。本案例包括整个企业架构项目的部分摘录。

附录A

1. I-Software Systems 和 ISSA 是虚构名称，代指本研究中涉及的实际企业。

附录B

1. 艾伦设计集团使用的力场分析基于20世纪40年代卡尔·卢因(Karl Lewin)的工作。该分析方法通过考察生态系统的各种力量，判断其是推动企业朝着目标前进的正向力量，还是阻碍其实现目标的负向力量。